共闘

セオリーを覆す父と娘のコーチング論

田中健智 著

ベースボール・マガジン社

目次
CONTENTS

第3章 覚醒

装丁・本文デザイン＝イエロースパー
写真＝ベースボール・マガジン社
構成＝荘司結有

序章

「そんなに辛いんだったら、パリは狙わずにシーズンオフしたら?」

２０２４年5月25日、アメリカ・ユージンで行われたダイヤモンドリーグ(ＤＬ)第5戦。５０００メートルに出場した娘の希実は、14分47秒69をマークし、東京大会に続き、２大会連続の五輪代表内定を決めた。だが、その前日までは、コーチの私が思わずこんな言葉をかけてしまうほど、彼女の心はまったく整っていなかった。

今季、希実はエチオピア勢の動きを意識したフォームの改良に取り組んでいる。ただ、去年より身体の前傾を出したことで、蹴り出しや接地の部分など身体のポジショニングがまだ定まっておらず、そこに走りの不安定さが生まれていた。フォームを感覚だけでは再現できず、頭を使いながら走ってしまうため、最後まで余力が残らず、ラストスパートが伸び悩んでいたのだと思う。

本来、5月10日のＤＬ第3戦ドーハに向かう前のフィラデルフィア滞在中に、５０００メートルに向けてスタミナ系のインターバルを入れるつもりだった。フォームの再現性を高めるには、トップスピードの局面という「点」だけでなく、リカバリー部分もそれなりのスピードで上手くつなげなければ「線」にはならない。しかし、本人はその練習をこなせるか不安があったようだ。相談した結果、つなぎの部分をレストに変えて、ショートインターバル系の練習に切り替えることになった。

お互いに納得の上でメニューを変えたのだが、最終的な部分での細かいズレや不安が、ドーハの悲劇ともいえるレースにつながったのだろう。２４００メートルまでの動きは良かったはずなのに、そこからずるずると落ちていき、３０００メートルの通過は８分53秒前後。五輪参加標準記録（14分52秒00）には届かなくとも、そこから粘れば14分台では走れていたはずなのに、「もう後がない」と自信を失ってしまったらしい。タイムは15分11秒21。一周のラップが80秒近くかかった周回もあり、そこまでのラップに一時的に落ちていたということが、本人の絶望を物語っていたのだろう。

年々、競技力が上がれば上がるほど、周りの評価のハードルも高くなり、本人にかかるプレッシャーも大きくなっている。一方、向かっている場所は無我夢中で走るだけでは行き着けないところに達し始めていて、本人は競技者として、日本の中で孤独を感じているようだ。なぜならば、今までは小林祐梨子さんや福士加代子さんという一つ上の存在がいて、彼女たちの足跡を追いかけるだけで強くなれたのが、今は誰も歩んでいない道を自ら進んでいかなければならないからだ。

例えば、オーストラリアには現在、ジェシカ・ハルやリンデン・ホール、ジョージア・グリフィスといった1500メートルの4分切りランナーが何人もいる。それぞれが「私にもできる」というマインドで高め合ってきたから、ここ数年で急成長を遂げているのだろう。対して日本では、1500メートルは彼女の一人旅となり、5000メートルを14分台で走れるのも、この1、2年は彼女一人だけとなっている。国内に競う相手がいたら勝ち負けの怖さもあるだろうが、それよりも本人は孤独の怖さや不安のほうが強いのだと思う。

ドーハで参加標準記録を突破するつもりが、スケジュールが狂ってしまった焦り、そして「一人で向かっていけるのか」という孤独感が、ユージン前日の心の乱れにつながっていたのだろう。レースを「怖い」と思ってしまうのなら、一度、心と身体を充電して、来年の世界選手権に向かっていくのも良いのではないか。そう思い、冒頭の一言を投げかけたのだが、同時に、ある記事を彼女に読ませた。

それは、オランダのシファン・ハッサン選手も「悩んでいる」という内容の記事だった。どんなにレベルが上の選手でも葛藤やもっと大きな悩みを抱えている。希実はそれを認識として持てたことで、気持ちが吹っ切れたのかもしれない。そこからは目つきが変わり、ユージンで参加標準記録を突破すると、次戦のDLオスロの3000メートルで8分34秒09の日本新をマーク。そしてDL第7戦ストックホルムの1500メートルで、4分02秒98のタイムを出し、過去最高水準ともいえる結果でDL3連戦を終えることができた。

1500メートルの4分02秒98は、東京五輪の予選（4分02秒33）、準決勝（3分59秒19）、決勝（3分59秒95）を除けば過去最高タイムだった。地元開催という追い風の吹く状況で、ある意味勢いで出せた日本記録が「足かせ」になっていたが、ようやくその呪縛から抜け出すことができた。パリの参加標準（4分02秒50）にはわずかに届かなかったが、決して悲観的には捉えていない。東京大会の時はまだ「無名の東洋人」でノーマークだったがゆえに、自分の思い通りに走れての〝棚ぼた〟の日本記録。一方、今はＤＬでも常連の存在で「前に行かせてはならない」と思われているのか、激しく接触され思い通りにならないレースで出せた記録だ。仮に期間内に参加標準記録を突破できずターゲットナンバー(※)内に入っての選出になったとしても、「それだけの力を持っている」という自信を胸にパリに乗り込んでいけるだろう。

あくまで結果論ではあるが、パリに向けてドーハのつまずきは、必然だったのかもしれない。思えば東京では、１５００メートルは「おまけ」のように考えていて、５０００メートルを中心に取り組んでいたところ、予選敗退を経て、１５００メートルの大躍進につながった。人にはよると思うが、彼女の場合、５０００メートルの取り組みを重視してこそ、１５００メートルの結果につながるのだろう。

仮にドーハで内定を決めていたら、それ以降は１５００メートル中心のトレーニングになっていて、結局はパリ本番が薄っぺらいものになっていたかもしれない。ドーハで失敗したからこそ、つなぎの大切さを疎かにした「点」の練習ではダメだと気づき、スピードに加えてスタミナ系を意識した５０００メートル中心のトレーニングに立ち戻ることができた。ドーハの敗戦は、自分たちの取り組みをもう一度見つめ直す

(※)各種目の出場可能な人数枠に入ったランキング上位者に参加資格が与えられる。

きっかけになった。そして、希実がユージンに対して怖いけれど逃げずに向かっていけたことは、すべて今の流れにつながっているはずだ。

彼女が後ろ向きになると、私は冒頭のようについ突き放してしまうが、レースに向かっていくのは選手本人であり、横にいる私は何の手助けもしてあげられない。招集所から先は彼女だけの世界で、本人が怖気づいていたらどうしようもできないし、最終的には一人で乗り越えてもらうしかないのだ。だから彼女には寄り添うというより、あえて突き放し、自身と一人で向き合う時間を持たせようとしている。

「オマエが走れようが走れまいがどうだっていい」

「もう自分は見たくないから他のコーチに頼めばいい」

彼女と衝突するたびに、私は何度も直接的で、きつい言葉を投げてきた。ただ同時に、最後の最後には「見捨てない」という気持ちも持っている。だからこそ、ユージンの前日も「彼女の良い気づきになれば」と、ハッサンの記事を託したのだ。

ぶつかり、突き放し、冷静になり、和解する。毎年のように「過去最大級」の衝突を更新しながらも、その繰り返しの連続で、気づいたら5年もの間、ストップウォッチを手に、トラックを走る娘の姿を見守ってきた。

振り返れば、希実は小学5年生の頃は、地元・兵庫県小野市の陸上大会で入賞するのが精一杯。それが6年生の秋には優勝できるようになり、中学生に上がると、兵庫県大会の学年別で1番になったかと思いきや、学年別の全国大会で6位、2年生の全国で4番、3年生で優勝して、今や世界大会の決勝で入賞する域に達している。幼い頃は目立つほど足が遅かった主人公が、どんどん階段をのぼっていき、もがき苦しみながらも、誰も届いたことのない舞台で戦う——彼女のたどってきた道のりは、まるで漫画の世界のようだと思うのだ。

そんな娘のステージアップを、父である私は〝一読者〟として応援するはずが、思いもよらぬタイミングでコーチを引き受けることになった。実業団選手として目立った成績も残していない、トップ選手を育てたことのない私が、世界を目指す彼女をどこまで導けるのだろうか。初めはそんな不安を抱えながらも、私なりの発想をもとに、彼女の成長を後押ししてきたつもりだ。

海外転戦や3種目挑戦、プロ転向、ケニア合宿……。私たちは従来の日本のシステムにとらわれず、「世界に近づくためにはどうしたらいいのか」を柔軟に考え、前例のない挑戦を重ねてきた。コーチングになぞるような「手本」はなく、レースの結果が出るまでそれが正解かどうかは分からない。それでも、一つひとつのレースで、トレーニングの「答え合わせ」をしながら、手探り状態でここまでやってきた。

彼女にもよく伝えているが、人と違う道を行くのなら、必ずそこで結果を出すという覚悟を持たなければならない。それは選手だけでなく、コーチである私も同じだ。そう思うと、これまでの5年間は、彼女を導くというより、共に向かっていくという表現のほうが正しいのかもしれない。

この本では、私と希実がこれまでどんな道のりをたどり、どんな考えのもと、世界に挑もうとしているのかを描いた。私のコーチング歴はまだ5年と浅く、彼女の競技人生のほんの一部でしかない。パリ五輪以降も、2025年の世界選手権東京大会、2026年の世界陸上アルティメット選手権と、私たちの挑戦は続いていくはずで、これまでの道のりは通過点に過ぎないだろう。それでも、陸上競技に携わる多くの方々にとって、何かしらのヒントになれば幸いだと思っている。

第1章

「長距離王国」に生まれた宿命

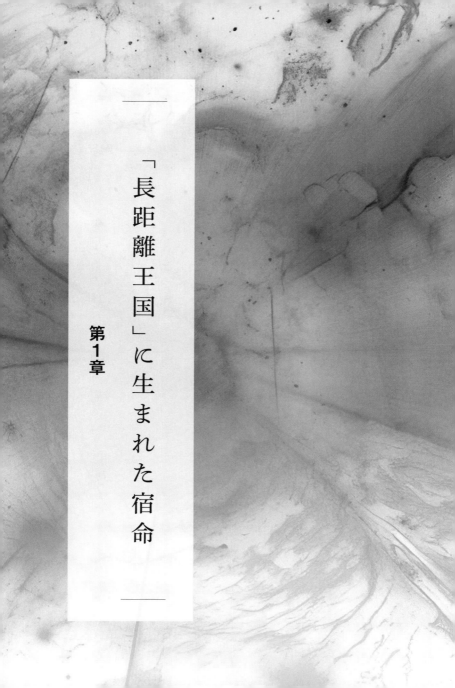

〝駅伝〟という漢字すら知らなかった少年時代

初めに、恐縮ではあるが私の半生について少しだけ振り返りたい。思えば、これまで希実の幼少期について聞かれることはあれども、私自身の競技歴を振り返ることはなく、いささか気恥ずかしいのだが……。

私が生まれ育った兵庫県は「長距離王国」として知られ、幼い頃から県高校駅伝で西脇工業と報徳学園が激しい争いを繰り広げてきた。そして現在に至るまで、県内から何人もの中長距離ランナーが日本代表として、世界の舞台に挑んでいる。

そんな県南部の三木市で育った私は、小学校1年生で現在も暮らす隣の小野市に移り住んだ。当時、まだ地域の陸上クラブは盛んではなかったが、そうした土地柄から か、通っていた小学校では毎年のように校内マラソン大会があったのを覚えている。

実業団を経て、現在も陸上の世界に身を置いているが、元々脚が速かったのか、と聞かれたらそう飛び抜けていたわけではない。マラソン大会では進級するたびに、徐々に順位は上がっていったものの、6年生でようやく一ケタに入れた程度。でも、長い距離を淡々と走ることは好きで、その走り方にも妙なこだわりがあった。

今も昔も、小学校や中学校のマラソン大会では、一つでも上の順位を狙いに行こうと、スタートした瞬間に勢い良く飛び出す子たちがほとんどではないだろうか。だが私はというと、わざと一番後ろまで下がり、最後尾から前を走る同級生たちを一人ずつ抜いていくことが楽しかったのだ。号砲が鳴り、いっせいにスタート。周りが次々と飛び出していくなか、私ひとりがスーッと後ろまで下がり、「よし、ここからがスタートだ」と意気込んでいる、そんな少し変わった子どもだった。

マラソン大会だけでなく、小学校では2限目と3限目の間に「業間体育」という長めの休み時間があり、そこでも長距離走の時間が設けられていた。その時間は外に出て、自由に身体を動かして遊ぶという名目ではあったが、冬場は耐寒訓練の名のもと、運動場に集められ、スピーカーから流れる音楽が鳴り止むまで、延々と走り続けなければいけない。運動場をぐるぐると回っている間に、周回遅れの子が出てくると、それを一人、また一人と抜いていく。そこに、ある種の達成感のような楽しさを感じていたのだろう。

しかし、私が自ら長距離の道を選び取るのはまだ先の話になる。中学校の部活動に選んだのは陸上部、ではなくバスケットボール部だった。もちろん陸上には興味があったのだが、その頃は長距離に特化せず、走り幅跳びや他の種目にも挑戦してみたかったのだ。

「色んな種目に取り組めるのなら楽しそうだな」

そんな期待を抱いて部活動見学に行くと、どうやら入部したら短距離か長距離に振り分けられてしまうらしい。しかも先輩からは「走ってばかりだよ」と苦笑いで一言。それなら楽しくなさそうだと、すっかり気持ちが離れてしまった。

結局、単純に面白そうだったバスケ部に入部したのだが、1年生の間はパスやシュート練習、走り込みと基礎トレーニングの毎日。おまけに体育館はバレーボール部と共有で、一面しかないコートを男女で交互に使わなければいけない。コートが使えない日はロードワークとして、近くの堤防まで走りに行ったり、運動場でタイムトライアルをしたりと、陸上部並みに走り込む日々が続いていた。

結果的に、バスケ部での活動が、私の走力を鍛えることになったのだろう。部内で一番体力があり、脚が速かったことで、コート内では必然的に「走る役目」を担うことになった。余談だが、当時はバスケのポジションを英語ではなく、角度で呼んでいて、私のポジションは「45度」。今でいうと「スモールフォワード」や「シューティングガード」にあたるのだろうか。とにかく真っ先に敵陣に切り込んでいき、パスを回しながら、チャンスがあればシュートを打ちに行く、という役目だった。

監督から指示されていたのは、「とにかく走り回ってかき乱してこい」ということだけ。現代のバスケでそんな戦術やアドバイスが通用するのかは……、ただ確かに、最後まで動き回れていたのは自分だけだったと思う。周りが疲れてきたときにボールをカットしたり、リバウンドを取ったら速攻で敵陣の奥深いところまで走ったり、監督に買われたスタミナをフル活用して、コート内を走り回っていた。

バスケ部の戦績としては、市の大会で優勝し「東播北播地域」(明石市や加古川市など8市3町からなる地域)の大会には出場できたものの、県大会に進出できるレベルではなかった。私自身、バスケ自体は好きだったのだが、身長が伸びず、限界を感じていたのも事実だ。とはいえ、他に夢中になれる競技があるのだろうか……そう考えていたとき、陸上部から思わぬ誘いを受けたのだ。

きっかけは、小学校と同じく、中学校でも恒例行事のマラソン大会だった。当時、校内で一番脚が速かったのは陸上部ではなく、野球部の部員たち。その野球部員たちとそん色なく走り、上位に食い込んでいたからか、「1年生になんか速いのがいるぞ」と噂になったようだ。2年生に上がると、陸上部の顧問の先生から「秋の駅伝だけ走ってくれないか」と勧誘され、夏休み明けのひと月だけ、陸上部の練習に借り出されるようになった。

ただ、当時の私は「駅伝」という漢字すら知らず、どんな競技かも知らなかった。駅伝というのは、古代から近世まであった「駅馬（えきば）」や「伝馬（てんま）」と呼ばれる馬を使って手紙や物資などを運ぶ制度に由来するもの——先輩から「駅伝」という漢字の意味を教えてもらい、「そういうことだったのか」と感心したのを覚えている。そして実際に走ってみると、タスキをつなぎ、チームとしての順位を追い求めることに、バスケとはまた違った面白味を感じることができた。

中学3年生になった翌年には、北播地域の駅伝大会でエースの集う1区を任された。

当時は加西市や西脇市のチームに強い選手がいたのだが、彼らとそう変わらない順位で中継所になだれ込み、上位でタスキをつなぐことができた。結局、チームとして県大会に進むことはできなかったが、バスケ部ではレギュラー争いにとどまっている自分が、駅伝なら県内でも有数の選手たちと渡り合うことができる。クラスや部活では目立たない存在でも、校内マラソンや駅伝で活躍できたことで、「やっと自分が認められたのだ」と初めて自信を持つことができたのだ。もっと本格的に走り込めば、県内の強豪選手たちとも戦えるのでは――、心の中では、そんな気持ちも沸々と湧き上がっていた。

北播地域の大会での私の走りは、どうやら、当時の西脇工業の監督だった渡辺公二さんの目に留まったらしい。おそらく数いる勧誘者の一人に過ぎなかったのだろうが、中学最後の駅伝が終わったある日の放課後、担任の先生から教務室に呼び出されたのだ。すると、先生は「西脇が『ぜひうちに来てほしい』と言っているがどうする?」と……。はじめは、先生が何を言っているのかすぐには呑み込めず、しばらく考えて、ようやく「陸上部への勧誘」なのだと理解することができた。

西脇工業といえば、その3年前に出場3回目にして全国高校駅伝で初優勝を遂げた全国屈指の強豪校。当時はまだ陸上に明るくない私でも、その実績を知っていたのだから、長距離に取り組む中学生にとっては憧れのチームだったはずだ。

だが、私は迷った末、その勧誘を辞退した。

駅伝に出会うまで、私にとって走る楽しさとは、前を行く子たちをただただ抜いていき、「気がついたらこれだけ順位が上がっていた」と自己満足するだけのものだった。それが駅伝を走ったことによって、何か形に残せるもの、自分を表現できるものに出会えたという思いもあったのだ。ただ速くなること、それだけが純粋にうれしいだけなのに、もし西脇工業に進んだらライバルの中に埋もれてしまい、走る楽しさを失ってしまうかもしれないという恐怖心も少なからず感じていた。

もちろん、そこで自分の力を試すという考え方もあるのだが、当時の私に飛び込む勇気はなかった。ようやく駅伝がどういうものなのかを分かった半面、そこで何を目指したら良いのかも、まだ明確には決まっていない。西脇工業のように、県内有数の選手たちが高い志を持って進むような場所に行っても、おそらく何も表現できずに終わってしまうだろう。当時はまだ、顧問の先生に言われたトレーニングをこなすだけで、どうすれば速くなれるかを自発的に考えることもなかったのだから。

「自分が走ることで、何ができるのか」

それを見つけるために、まずは別の高校の陸上部に入り、一から走ることと向き合うべきなのではないか。そうして進学したのが、県立三木東高校だった。

「サンショー」との出会い

西脇工業の勧誘を辞退し、進学した三木東高校は、生徒数が一学年500人を超すマンモス校だった。選んだ理由は、同じ中学から進む同級生も多く、自分の学力レベルに合っているのだろうと思ったこと。もう一つは、「陸上部に力を入れているようだ」と噂で聞いていたからだ。確かに、陸上部の部員数は県内最多の100人超えで、在学中には部専用のグラウンドまで建設されたほどだった。

とはいえ、入部当時の練習はまず校庭に石灰で1周250メートルのトラックを描くところから始まる。しかも、そのトラックの外側には野球部、内側ではサッカー部と双方に挟まれているため、あちこちから飛んでくるボールを避けながら走らなければならなかった。冷や汗を流しながら練習していた陸上部にとって、1周200メートルと手狭ではあるものの、部専用グラウンドの完成は、待望の環境だったと思う。結局、長距離は「外で走れるだろう」と弾き出されていたが……それでも他の部に遠慮せずにポイント練習ができるのはありがたいものだった。

陸上部の顧問だった藤井晃正先生は、日本体育大卒の厳しい方で、中距離を専門としていた。入部して間もない頃、体育の授業で体力測定があり、私の走りをたまたま見ていたようだ。走り幅跳びやハードルのタイムが良かったこともあり、5月にある東播総体で「ちょうど3000メートル障害の枠が空いているから走ってみなさい」と言われたのだ。

そう告げられたのは4月の頭で、大会までは1か月ほどしかなかった。陸上競技自体をさほど理解していなかったのに、ましてや3000メートル障害なんて知る由もない。「走っている途中に平均台みたいなものがあるから、それを越えていけばいいんだよ」とあまりにも簡単に説明され、試合当日までどんな種目なのかも想像がつかないままだった。

あっという間に迎えた東播総体当日。急いで用意したスパイクのピンの付け方も分からず、土用のニードルピンで出ようとしたら招集所で引っかかり、慌てて先輩の平行ピンを借りに行く始末。結局、予選落ちに終わったのだが、先生は意外にも伸びしろを感じてくれたらしく、「ハードリングも上手いし、これから走り込めばもっと上を目指せるだろう」と背中を押してくれた。私自身もまた、3000メートル障害ならではの奥深さと面白さにのめり込んでいったのだ。

多くの長距離部員と同じように、私も入部当初は1500メートルや5000メートルに取り組んでいた。フラットな種目は普段の地道なトレーニングにより、スピードに加えて、粘りやスタミナがついてくるものだが、3000メートル障害はそれにプラスして、障害への乗り方や着地の仕方など「ここを改善したらもっと速くなるのでは」という技術的な改良点を見つけることができる。

障害を越えて、次の動作にスムーズに移行するにはどうやって着地の衝撃を抑えるのか、リズムを作りながら改善点を見つけていき、タイムを縮めることができるという競技特性も、探求心の強い私の性格に向いていたのだろう。西脇工業や報徳学園の選手と走っていて、単純な走力では敵わなくとも、障害を越えるたびにその差が縮まっていく。そんな自分の強みを磨いていける種目だと思った。

ただ、三木東に陸上部の専用グラウンドができたとはいえ、さすがに障害や水濠は完備されていなかった。当時は強豪校でさえ、そこまで環境の整ったグラウンドはなく、競技場を借りて練習することも少なかっただろう。私の日々の練習としては、250メートルの土トラックに平均台が1台、途中にハードルが何台か置かれ、それを越えていくというものだった。しかも、他の長距離部員と一緒に走りながら、「田中だけ外のハードルを跳びながら走るように」と言われ、同じペースを刻みながらも不規則に動かなければいけない。ハードなメニューではあったが、自分だけの練習という特別感もあり、それで走力がついていったのだと思う。

また、こうした練習の成果を発揮できる場は限られていた。今では一年を通してさまざまな記録会が行われていて、地方の高校生たちが日体大記録会など関東圏のレースにエントリーすることも増えたが、当時は県外の記録会に参加する選手は少なく、兵庫県内の記録会も春と秋に数回ずつしかなかったと記憶している。ただ、その記録会には、県内の高校生だけでなく、神戸製鋼や山陽特殊製鋼、ダイエーといった実業団の選手も多くエントリーしていた。

グランプリシリーズのような大きな大会ではなく、兵庫選手権や小さな記録会だったが、トップクラスのランナーと一緒に走ることができる。当時の高校生にとってはありがたい経験だった。1年生の頃は予選で必死に背中を追っていたのが、学年が上がるにつれ、決勝まで一緒に走れるようになる。そんな自分の成長度合いを確かめる機会でもあったのだ。

当時の兵庫選手権は3000メートル障害も日中に予選があり、その数時間後に決勝が控えていた。それも高校生から大学生、社会人まで皆同じ条件。高校3年の大会では、1日目に3000メートル障害の予選・決勝、2日目に5000メートルの予選・決勝があり、過密日程の中でその4レースを完走できたことが大きな自信となった。2022年の日本選手権で、希実が800メートル、1500メートル、500

0メートルの3種目に挑戦したが、思えばレベルは違えど私もそれに近いことをやっていたのかもしれない。

こうして学年が上がるごとに競技成績も上がっていったのだが、高校3年の夏は正直、悔しい思いしか残っていない。1988年、地元開催のインターハイは「兵庫六三総体」と呼ばれ、県内の多くの高校生と同じように、私もまた「絶対に出たい」との思いを強く持っていた。

実際、3000メートル障害なら県内で十分勝ち抜けるレベルにいたのだ。当時の自己ベストは9分21秒前後だったが、それでも春先までは県内三番手につけていた。その上にいたのが、のちに高校記録を樹立する報徳学園の村松明彦くん、松岡政文くんのツートップだ。県大会前には彼らと一緒に兵庫県代表として、京都府との高校対校戦にも出場した。そのレースは兵庫と京都から3人ずつが参加し、私はその二人に次ぐ3着。このままいけば、インターハイも順当に決められるだろうと思っていたのだが……。

県大会の前日、私は眠れないほど緊張していた。その浮き足立った気持ちが、レースにも表れてしまったのだろう。普段なら序盤はじっと後ろについて、ラストでスパートをかけるという無難なレース展開を選ぶはずなのに、その日の決勝は、入りの1000メートルをオーバーペースで突っ込んでしまったのだ。

村松くん、松岡くんが8分台の持ちタイムで走っていたのもあり、「自分もそのレベルまで行きたい」と意識しすぎたのかもしれない。結局、1000メートル以降はあっさりと抜かれてしまった。それでも持ち堪えて、何とか6番手をキープしていたのだが、ラストの直線、最後の障害を越えた瞬間、後ろから迫ってきた選手に抜かれ、7着。近畿大会に進めるのは6位まで。私は絶対に取ってはいけない順位を取ってしまったのだ。

その時に私を抜いたのは、篠山産業高校の広瀬諭史くんだ。三木東と同じく、篠山産業も強豪校ではなかったが、真面目にコツコツと努力していたのだろう。彼はのちに箱根駅伝6区で2年連続区間賞を獲得し、山下りの名手として、山梨学院大の初優勝に貢献した。ラスト50メートル、普段ならアドバンテージになるはずの障害で抜かれてしまい、私は目標だったインターハイはおろか、近畿大会に進むことすらできなかったのだ。

結果的に、近畿大会を経て兵庫県勢5人がインターハイに出場し、そのうち4人が決勝に進出。決勝では村松くんが優勝、松岡くんが6位に入り、地元開催のインターハイに花を添えた。彼らにできることなら自分もチャレンジしたい。そう思っていたのだが……自分の実力を、過信していたのかもしれない。こうして手の届くはずだったインターハイへの挑戦は、あえなく幕を閉じたのだった。

秋の駅伝にむけて気持ちを切り替えようとも思ったが、チームとして県大会に進めるレベルではなかった。私が1区で強豪校と変わらない順位でつないだとしても、その後がなかなか続かない。部員数は県内トップクラスではあったが、それほど強いチームではなかったのだ。

顧問の先生が会議で部活に顔を出せないとき、校外に走りに行くメニューを与えられたら、近道を見つけてショートカットするどころか、人目につかない草むらで野球を始めてしまうような緩い雰囲気の部活だった。当時はまだ私も高校生。「周りに合わせないと浮いてしまう」という不安もあり、その雰囲気に巻き込まれてしまっていた面もある。ただ、練習をこせなかった分は、帰宅後に自分なりのトレーニングで補てんしていたつもりだ。

希実の性格にも通じるのだが、私はなるべく言葉で伝えるのではなく、自分自身の行動や結果で示したいとの思いがあった。「黙々と取り組む姿を見せていたら、チームメイトも感じるものがあるだろう」。そう思っていたのだが、周りの意識を変えることはなかなか難しいことだった。

高校の陸上生活に心残りもあり、卒業後はできれば競技を続けたいと思っていた。私たちの時代には勧誘の声がかかる一つの目安があり、それは5000メートルで15分を切ること。だが、当時の自己ベストは15分05秒で、専門の3000メートル障害でも県大会止まり。近畿大会に進んでいればそれなりの話も来ていたと思うが、高校には大学や実業団とのパイプもなく、地力で道を探す他なかった。

少しでも可能性を広げようと、大学受験と就職活動を並行して進めた結果、とある関東の大学に合格した。長距離ランナーとしては、箱根を走ってみたいとの思いもあったが、合格した大学は本選に出場できるか微妙なライン。進学せず地元に残って競技を続けたいと思っても、当時の県内に目立った実業団チームは神戸製鋼くらいしかなく、他の企業はこれから陸上部に力を入れていくという時代だった。

ほとんど選択肢がない中、最終的にたどり着いたのが、陸上部を立ち上げようとしていた兵庫県警だったのだ。

恵まれない環境、だからこそ勝ちたい

高校最後の夏に味わった悔しさを晴らしたい。そう思って兵庫県警に入ったものの、何か月経っても陸上部の創設は一向に進まず、歯がゆい日々が続いていた。自主練習をしたくても、警察学校では一日のスケジュールが厳しく定められていて、外に走りに行くことすらままならない。日に日に、苛立ちに近い感情が募っていった。

「このままここにいて、いいのだろうか」

県内のトップ選手は関東の強豪校に進んだのに、自分はトラックから遠ざかってしまう、という焦りもあった。そんなある日、高校の部活に顔を出し、藤井先生にその

悩みを打ち明けると、「川崎重工というチームがあるよ」と紹介されたのだ。

神戸市に本社を置く「川崎重工業」には当時から、明石工場を拠点とした陸上部があった。ただし、実業団登録をしているチームではあるが、あくまで働いた後の「余暇活動」という位置づけ。監督も専任ではなく、練習メニューを与えられた上で、個々の自主性に委ねられるような環境だった。

それでも、走れる環境があるのなら、逆に自分で工夫すれば強くなれるのではないか。そうして兵庫県警を6カ月で退職し、川崎重工でランナーとしてのキャリアを再開することになった。

川崎重工の陸上部は10人ばかりの小さなチーム。選手全員が普段は工場などで働きながら、終業後に構内のグラウンドに集まり、数時間の練習を行っていた。ただ、転職組の私はただ一人、夜勤のある部署に配属となり、チームの練習に合流することができなかったのだ。与えられたメニューを一人でこなしても、何ともしっくりこない。そこで監督に「自分でメニューを組ませてほしい」と直談判し、強くなるためのトレーニングを一人で模索する日々が始まった。

入社して配属された部署の勤務形態は、消防署と同じように2交代制のサイクルで、24時間体制の当直勤務を終えると、約2・5日の休暇が設けられている。24時間体制で働いている間も、昼休憩や仮眠時間を上手く活用して、トレーニングに充てていた。例えば2時間ある昼休憩のうち、1時間はペース走などの練習に使う。とはいえ、2時間休憩の間に昼食や細々とした雑務も済ませなければならず、たった1時間で効果的に練習するならジョグの質を上げるしかない。そこで「1時間以内に15キロ以上は距離を積む」との目標を立て、限られた時間の中でどれだけの距離を走れるかにこだわることにした。

そして深夜帯の仮眠時間は、5時間のうち2時間を練習時間に充てていた。深夜1時、周りの同僚たちが眠りに就くころ、私は一人ランニングシューズに履き替えて走り出す。明石工場は一つの街のように広く、外周をぐるりと回るとちょうど3キロあった。外灯だけが煌々とともり、人気のない工場内の道路を延々と走り続ける。工場にはちょうど1キロの直線道路があった。ここでインターバル走ができるじゃないか。こうして限られた環境をどうにか生かしながら、仕事の合間を縫ってトレーニングに励んでいた。

当時、自らに課していたメニューは、今も指導のベースになっている。現役時代のメニューの一つの基準は、1時間以内に15キロ、キロ4分ペースで楽に走り、さらに1000メートル×5本を3分フラットで走ること。持論ではあるが、このメニューを負担なく、さらりとこなせれば、5000メートルで15分は難なく切れるのではないかと捉えている。さらに強くなりたいのなら、この15キロの走り方をどう変えるのか、どのコースを走るのかを工夫すれば良いだけだ。

例えば、私たちの時代はまだ「トレイルラン」を練習に取り入れているランナーは少なかったと思う。ただ、自分なりに「こういうコースを走っていれば強くなれるのではないか」と、地元の小野アルプスでトレーニングを積むこともあった。「日本一低いアルプス」とも呼ばれているが、走ってみるとかなりのアップダウンがあり、想像よりなかなかタフなコースなのだ。のちに知った話だが、元ダイエーの中山竹通さんもそのような練習をしていたようだ。

中山さんも国鉄の臨時職員として働きながら走り続け、大変な苦労があったかと思う。それでも、置かれた環境の中で「もっと強くなりたい」と努力を重ねたからこそ、のちにダイエーに勧誘され、日本をけん引するマラソンランナーとなった。

中山さんを引き合いに出すのはおこがましいのだが、私自身もまた、独学でトレーニングを積みながら、5000メートルと3000メートル障害で自己ベストを塗り替え、1994年の全日本実業団対抗選手権では6位に入賞することができた。結果を残したことで、夜勤から日勤への部署異動も叶ったのだった。

元来、負けず嫌いな性格の私は、他の実業団選手より環境が恵まれていないからこそ、勝ってやるという気持ちに突き動かされてきた。夜勤の時は「日勤の選手に勝ちたい」と思っていて、身を置いた環境の中では一番を目指すことができた。

ただ、心のどこかでは「もしあの時、西脇工業に進んでいたらどうなっていただろうか」という気持ちがあったのも事実だ。仮に強豪の高校に進んでいたら、補欠だったとしても関東の強豪大学にも進めただろうし、次の道を探すのにそこまで苦労することもなかったはずだ。恵まれた環境、強いチームメイトと切磋琢磨し、箱根を走っていたかもしれない。自分の置かれた環境と比べて、当時はたびたび「あの時こうしていたら……」と、どうにもならない過去を見てしまう自分もいた。

だが、54歳を迎える今は、すべてが必然の選択だったのだと感じている。今に至るにあたって、この流れは一つも間違っていなかったのだろうと。強豪の高校から関東の大学に進み、箱根を目指すという「定石」を踏まなかったからこそ、常識や慣習に囚われず、独自で強くなるためのアプローチを探求することができた。そして川崎重工で自分なりに誇れる結果を出せた後、意外なきっかけで妻と知り合えた。

その出会いも、この道をたどっていなければ生まれなかったものだろう。また、妻との出会いがあったからこそ、自分自身が潔く競技を辞める理由も得られたのだ。

マラソンでの思わぬ壁、そして妻との出会い

川崎重工に勤めて2年が経った頃、私はフルマラソンに取り組むようになった。高校時代から3000メートル障害を専門にしながらも、「もっと長い距離のほうが向いているのでは」との自覚もあった。実際、チームのロードワークでは誰よりも早く

走り切り、長い距離を走るのがまったく苦ではなかったのだ。

マラソンは、陸上を始めた頃から意識していた目標だったが、思わぬ壁にぶつかった。走っている間に座骨神経痛がひどくなり、単調な動きを繰り返せなくなったのだ。長年積み重なったハードリングのクセのせいなのか、本当の原因は今でも分からないままなのだが……。

ハードルや水濠を跳び越えながら走る３０００メートル障害と異なり、マラソンは単調なリズムの繰り返しだ。特性の違う二つの種目に並行して取り組んだ結果、だんだんと長い距離を走れなくなっていった。走り始めて1時間ほど経つと、何もないところでつまずいてしまう。片脚を引きずるような状態になり、ビリビリッと電流が流れるような痛みが走るのだ。

市民マラソンのような起伏の多いコースなら、リズムを立て直してごまかすことができるのだが、福岡国際マラソンのようなフラットな高速コースでは、走り始めてすぐに動きがおかしくなってしまう。長年のひずみのせいなのか、自分の意思と、脚がまったく連動しない。

もう潮時なのではないか――。

そう悩んでいた時、ひょんなことから後に妻となる千洋に出会ったのだ。

ある日の夜、明石で部署の懇親会があった。1次会が終わった後、同僚から「ボトルキープしている店がある」と誘われたスナックで、陸上談議に花を咲かせていると、ママから「ここによく顔を出す女の子も走っているよ」と話しかけられた。それは、当時、明石の証券会社に勤めていた妻のことだった。

実は、妻は同じ中学校の先輩だった。中学から陸上を始めた彼女は、県立小野高校に進学し、県高校駅伝で3年連続アンカーを務めて3連覇を果たしている。その走りを買われて、都道府県対抗女子駅伝の代表にも選出され、県内では名の知れたランナーだったのだ。てっきりどこかの実業団にでも入るのかと思いきや、当時の地元紙には「高校卒業後は競技を引退する」と書かれていて、「こんなに強い選手なのに辞めてしまうのか」と驚いたのを覚えている。

高校卒業後、5年ほど競技を離れていた彼女だが、ひそかに再開していたのも知っていた。小野市の大池総合運動公園の土トラックで、ポイント練習をしている姿をたびたび見かけていたからだ。私も休日は同じトラックで練習していて、「また走り始めるのかな」と気になっていた。ただ、私は彼女のことを知っていても、彼女は私のことなんて知らないはず。だから話しかけることもなく、互いに黙々と同じトラックを回っているだけの関係だった。

「あぁ、その子知ってますよ」

ママにそう相槌を打つと、じゃあ今から呼ぶわ、とすぐに連絡を取ったようで、間もなく彼女が店にやってきた。どうやら彼女も「小野市出身の選手が川崎重工で頑張っている」との噂を耳にしていたようだ。

当時、彼女は証券会社に勤めながら、高校時代の恩師に師事し、800メートルで上を目指そうとしていたのだが、限界を感じていて、マラソンに転向しようとしていた。私もまた、マラソンで行き詰っているタイミングで出会ったため、相談に乗っているうちに意気投合し、お互いの出勤前に朝練習をすることになったのだ。

朝5時頃、公園近くに集まり、8キロほど走ってから電車で通勤して、それぞれの職場に分かれる。共に走り始めてから約10か月後、1997年夏の北海道マラソンで、市民ランナーの彼女が実業団選手を抑えてマラソン初優勝を勝ち取った。

彼女も私と同じように決して恵まれた環境ではなくとも、実業団選手に勝ちたいとの心意気で戦っていた。一人で黙々と練習に取り組み、周りと群れず、強い芯を持っている。そんな人間として、ランナーとしての強さに惹かれ、同時に尊敬もしていた。実は彼女とは出会って1週間で結婚を決め、ひと月も経たないうちに正式に婚約する流れになった。今でいう「スピード婚」にあたるのだろうか。この話をすると驚かれるのだが、私にしてみれば似たり寄ったりな性格で、この人だったら一緒にいて面白そうだと思えたのだ。出会ってからの月日は、私にはまったく関係のないものだった。

彼女と人生を共にすると決め、改めて自分自身のキャリアを見つめ直した。私がこのまま競技を続けていても、全国の舞台に「出られるだけ」の選手。しかし、妻はそこを超えて、日本のトップクラスで勝負できる素質を持っている。

このままお互いがそれぞれの道を追いかけていったら、どちらも宙ぶらりんになり、空中分解してしまうのではないか――。そう思った時、私が選手を引退して、練習パートナーとして彼女を支える決心がついたのだ。引退しても陸上には携わることができる。未練はなかった。

こうして結婚して数年間は、妻の高校時代の恩師であるコーチのもと、私は練習パートナー兼マネージャーとして、マラソンランナーの妻をそばでサポートしてきた。振り返れば、そのコーチの練習メソッドが興味深く、私自身の発想にも近いものがあり、現在の希実へのコーチングの一つのヒントになっている。

例えば、多くのマラソンランナーは、持久力の強化や脚づくりのために40キロ走を行っているが、私たちの練習で30キロ以上走り込むことはほとんどなかった。コーチには持論があり、練習で30キロをレースペースで当たり前のように走ることさえできれば、後は2時間半~3時間動き続けることを身体に馴染ませるだけ。

逆に、レースの距離に近い40キロ走を行うことで、良くも悪くも自分の現状を把握してしまい、場合によっては「今の自分はダメだ」とネガティブな心理状態でスタートラインに立つことにもつながりかねない。ただただ走り込むことによって疲労が溜まったり、ピーキングがずれたりするよりも、いつでも走れるというコンディションを保っておくことのほうが大切だと考えていたのだ。実際、妻が２００２年の名古屋国際マラソンで初めて2時間半を切った時も、月間走行距離は600キロ程度だったはずだ。こうした発想は、現在の希実のコーチングにも通じている。

妻は決められたペースを淡々と刻み、遅れてきた選手を一人、二人と抜かしていくというレーススタイルで、大崩れしないのが強さなのだろう。97年の北海道マラソン優勝以降は、約1～2か月に1回のペースでマラソンを走り、どのレースでも上位に食い込んでいた。私は途中でコーチを引き継いだのだが、彼女はすでに練習スタイルを確立していたし、あえて私の「色」を放り込むのではなく、二人で「この練習はこうしたらよくなりそうだ」と相談しながらやってきた。

そして妻は、98年11月の東京国際マラソンで7位に入ったのを最後に、長女の産休のため、活動を休止した。当時はまだ、産後に現役復帰する女性ランナーはほとんど見かけなかったが、彼女には「2時間半を切ってから引退したい」という心残りがあったようだ。

産前の自己ベストは、2時間31分39秒（98年の名古屋国際女子マラソン）。もう少しで手の届く記録なのだから、出産後に改めてチャレンジするべきではないか。そう背中を押した。私自身、彼女には走り続けてほしいと思っていたし、おそらく彼女も誰かに後押ししてほしいと思っていたのではないだろうか。

レース復帰を見越して、なるべく時間を置かずに産前の身体に戻れるよう、体重の増加をどの程度まで抑えても問題ないのか、医師と相談しながら、本人はプールやウォーキングで出産ギリギリまで身体を動かし続けていた。出産を終えた1か月後にハーフマラソンで復帰。その1年半後には長野マラソンで2位に入り、2時間32分05秒のセカンドベスト（当時）をマーク。そして翌年の名古屋では、当時の経産婦日本最高の2時間29分30秒で4位入賞を果たしたのだ。

2024年3月の名古屋ウィメンズマラソンで98回目の完走を遂げ、記念の100回も目前に迫っている妻だが、実は、経産婦最高を出した1年後の次女の産休に入るタイミングで、競技生活に区切りをつけようと思っていたそうだ。

しかし、引退を決めていた妻をまた走らせたのは、希実の何気ない一言だった。

第2章

父親として、コーチとして

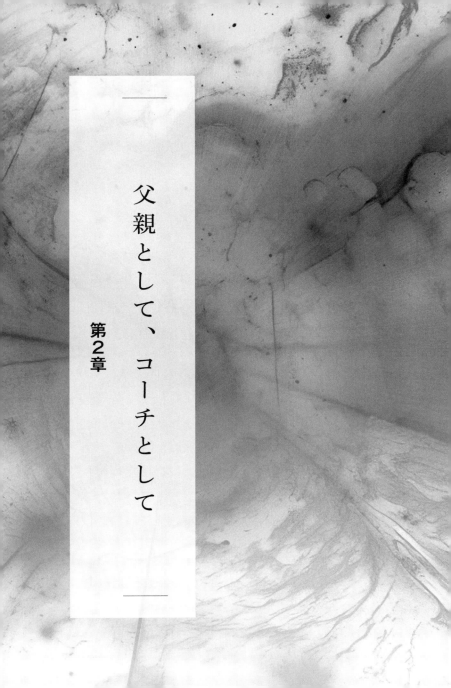

最後までやり切らないと積み木を壊す性格

我が家の長女、希実が生まれたのは、1999年9月4日のことだった。名前の由来は読んで字のごとく、「自分が思い描いた希望を実らせてほしい」との願いだ。この世に生まれ出た限りは、自分の人生を実りあるものにしてほしい。そんな私たちの思いを込めた。

本人とは今もよく話しているのだが、人間にとって、振り返った時に「まんざらでもなかったな」と思える人生が幸せではないかと思うのだ。そう感じられるようなゴールに向かって日々を後悔なく歩んでいきたいし、彼女には名前に込めた思いのままの人生を叶えてほしいと願っている。

身長153センチと、日本人選手の中でも小柄な彼女だが、生まれた時から小さな子だった。ただ、何となくだが、他の子より立つのは早かったように記憶している。今のトレーニングに対する姿勢にも通じているのだろうか、幼い頃から自分で最初から最後までやり通さないと気が済まない性格だった。

彼女がパズルや積み木で遊んでいる時、人が良かれと思って手伝ってあげると、途端に機嫌が悪くなり、バラバラに崩してしまう。絵を描くにしても、納得のいくまでクレヨンを絶対に手放さない。こだわりが強く、頑固な性格なのが短所でもあり、長所でもある。こうと決めたらそれが実現するまで譲らない姿勢は、私たちがそう育てたわけではなく、本人が持って生まれたものなのだろう。

そんな彼女の性格を裏付けるエピソードは他にもある。次女の希空（のあ）が生まれる1年前の2004年から、私と妻は毎年夏場に、長野・岐阜にまたがる御嶽山を高地トレーニングのために訪れていた。2003年、希実はまだ4歳だったが、練習拠点がある標高1700メートル地点から、飛騨頂上の2800メートルまで、親の手を借りることなく、自分の脚で登り切ったのだ。

当時はまだ、御嶽山での高地トレーニングはメジャーではなく、初めて訪れた時には「こんなところを走っているのはあなたたちくらいだ」と驚かれたものだ。その上、大人に頼らず山頂まで登り切った希実は、地元では「珍しい子」として扱われていたのではないだろうか。

妻をもう一度走らせた娘の一言

希実を産んでから、レースに復帰した妻は、2003年の北海道マラソンで2時間34分11秒をマークし、当時の日本人女性初となる2度目の優勝を果たした。のちに赤羽有紀子さんが出産後にトラック競技で北京五輪出場を遂げ、話題を呼んだが、妻はいわゆる「ママさんランナー」の先駆けだったのではないだろうか。希実が幼い頃は、地元で暮らす両親や一時保育に娘を預け、妻の練習に付き添うことも多かった。

合宿や遠征には娘たちも連れて行っていたが、こんなこともあった。妻とトレーニングする間、希実に「今から走ってくるから面倒を見てあげてね」と、赤ん坊だった希空のお世話を任せてみた。周回コースを1周走るたびに様子を見に行くのだが、やはり希実もまだ幼かったので落ち着かず、妹をほったらかして遊びに行ってしまうのだ。

有難いことに、そんな時は同じ空間にいる実業団や大学、高校の監督や、コーチ、マネージャーたちが代わりに面倒を見てくれていた。幼い頃から走る人に囲まれ、走る人に見守られていた。それが彼女の「走る」ことへのバックボーンにもなっているのだろう。もしかすると、あの場にいた指導陣や選手たちは「あの時の小さな女の子」と、希実のことを何となくでも覚えてくれているかもしれない。

しかし、妻は幼い我が子を置いて走りに行くのが「かわいそうだ」という思いが、当然あったようだ。一時保育に預けて練習に向かう時、希実に泣いて引き止められることもあり、一抹の「罪悪感」のようなものも感じていたのだろう。だから実際、北海道マラソンで6年ぶりの優勝を達成した後、次女の妊娠が分かり、そのまま競技から離れるつもりだったのだ。

当時、我が家には京都の実業団チームを退部したばかりの新田百恵選手が居候していた。2023年の鹿児島国体の際に少し話題に上がったが、次女が今でも「お姉ちゃん」と慕う鹿児島出身の女性で、独自路線で活躍する妻の存在を知り、「一緒に練習させてほしい」とやってきたのだ。実は妻は元々、次女を出産した後は、彼女のコーチング・マネジメントにシフトする予定だった。

ところが、希実のささいな一言が、妻の心に火をつけた。

「お母さん、なんで走らないの?」

希実にとっては、寂しい時があっても「走るお母さん」が当たり前の存在になっていたのだろう。妻が驚きながら「走ってもいいの?」と聞くと、希実は静かにうなずいていた。こうして、産後しばらくは新田選手の練習を見守っていた妻だが、次第に一緒に走るようになり、気が付けば彼女の前を引っ張るようになっていた。そして、次女誕生の約2年後、2006年の北海道マラソンで、2度目のレース復帰を叶えたのだ。あの時の希実の一言がなかったら、妻のマラソン人生がここまで長く続くことはなかっただろう。

希実はのちに私にコーチを頼んだ理由について、「両親の変わった練習環境を見てきたから」とよく取材に答えている。確かに、妻は30代前半で2時間30分を切るタイムを持っていて、当時の実業団でも十分に通用する力があった。それでも、あえて既存のスタイルにとらわれず、私と二人で独自の路線を歩んできた。

私たちには活動資金や後ろ盾となる企業もなく、それぞれの仕事で稼いだお金を投資する他ない。2006年に、ランニングビジネスを行う個人事業を立ち上げたのも、自分たちが走り続けるための資金を捻出するためだった。

私がマラソン大会やランニングイベントを開催する際は、まだ幼かった希実も運営に駆り出されていた。大会本部で参加者の受付をしたり、完走証を発行したり、エイドステーションでスイカやドリンクを配ったり……。普段出場しているレースはさまざまな裏方の存在があって成り立つものだ。幼いうちから「走ること」に対して、多方面から関わってきたことは、現在の彼女にとっても貴重な財産になっているだろう。

そして、走るための環境や資金は自ら生み出していくもの。そして、時間のやりくりや練習内容を工夫すれば強くなれるということを、娘はおのずと理解していったのかもしれない。

娘に強くなることは求めていなかった

毎朝起きて歯を磨くように、走ることが日常に溶け込んでいる我が家で、娘が私たちと一緒に走るようになったのはごく自然のことだった。

初めてのレースは3歳の頃、私が手伝っていた地元のロードレース大会のファミリー部門だった。1キロくらいの短いレースだったが、きっと彼女は何がなんだか分からないまま走っていたのではないだろうか。

幼い頃の彼女のフォームは今とはまったく異なり、上半身は前傾というより「くの字」に曲がっていて、腕は後ろに放り投げるように振り、すべての動きがバラバラ。その大会をきっかけに、他のロードレースのキッズ部門にも出るようになったが、地面に倒れ込みそうなほど曲がった独特なフォームで、たいてい後ろから数えたほうが早い位置を走っている。大勢いるちびっこランナーの中から、我が子の姿を探すのは簡単だった。

思えば、初めての海外旅行も3歳だった。それもホノルルマラソンに出場する妻に付き添って、というもの。妻は市民ランナーとして活動していたが、国内のマラソンで好成績を収めると、たとえ小さな大会だとしても海外レースへの派遣がついてくる。希実が小学生になり物心がついた頃、妻はアテネクラシックマラソンや、コペンハーゲンマラソンなどに派遣され、毎年のように海外を飛び回っていた。

希実からすれば、大好きな童話作家・アンデルセンの故郷を訪れている母が羨ましくて仕方なかったようだ。自分から「走りたい」と言い始めたのも、走り続けていれば、いつか母のように海外を渡り歩けるかもしれない、との思いからだった。

とはいえ、娘は初めからトップアスリートを目指していたわけではない。幼い頃に出場していたレースも、勝敗を競うものではなく、最下位でゴールすることも多々あった。陸上一家で生まれたからか、幼い頃から「英才教育」をしていたのではないかと思われがちだが、私たち夫婦としても、必ずしも同じ道を歩む必要はないと思っていた。本人の人生なのだから、彼女が「やりたくない」と言ったら他のことに取り組めばいい。それでも、本人が「走りたい」と言う限りは、温かく見守っていこうというスタンスだった。その思いは、コーチとなった今も変わっていない。

〝走る〟ということはすなわち、自己表現だと思っている。身体一つで自らを表現するものなのに、楽しさや喜びではなく、限界や苦しみばかり感じていたら長く続けることはできないだろう。だから、娘には速くなる、強くなることは求めていなかった。

走ることは、生活や遊びの延長線にあり、あくまで「楽しいこと」なのだと思っていてほしかったのだ。

本を読みたい、だから走って帰るには「続き」があった

小学生になった彼女は、相変わらず独特なフォームで走っていたものの、校内のマラソン大会では学年で1番を獲れるようになった。しかし、妻のレースに付き添って出場していたロードレースでは、クラブチーム所属の選手たちにまったく歯が立たず、入賞できるかできないかのラインをさまよっていた。

地元周辺の市町村にはさまざまな長距離のクラブチームがあり、小学生でも本格的な練習を行っているようだった。当時は、小学生の駅伝全国大会もあり、周辺の高砂や加古川、明石市には全国で優勝するようなチームもあった。そんな強い子たちに先を行かれるレースが続いたことで、いつしか「クラブチームの子たちに勝ちたい」という思いが芽生えてきたようだ。彼女の「走りたい」との思いが、少しずつ競技性を帯びていったのはこの頃からだった。

希実は幼少期について取材で聞かれると、よく「小学生の頃は早く家で本を読みたくて、学校からの道を走って帰っていた」と話している。確かに、彼女は外で動き回るのと同じくらい、本を読むのが好きな子どもだった。次女がテレビゲームに夢中だった時期も、彼女はまったく興味を示さず、一人で黙々と本を読み進めていたのを覚えている。

だが、このエピソードには実は続きがあるのだ。

小学5年生の頃、なかなか勝てないレースが続いていた彼女は、「もっと速くなるにはどうしたらいいのか」と私に相談してきた。そこで提案したのが、下校後に自宅の外周を走ることだった。我が家の周りは一周500メートル近くあり、信号に足止めされることなく、歩道をぐるりと走ることができるのだ。

例えば月曜は一定のペースで走る、火曜は一周ごとにペースを上げていく、水曜は一周ごとにペースを上げ下げしていく……といったように、「今日はこういう練習をしてみよう」と簡単なメニューを考えて与える。現在のコーチングとは程遠いが、思えば彼女のためにメニューを立てたのは、あの時が初めてだったのだろう。

それからというものの、小学校から重いランドセルを背負い、2・5キロの道のりを走って帰宅した彼女は、玄関にランドセルをドンと置いて、家の周りを走りに行くのが「日課」となった。隣近所の方々には「あの子は走って帰ってきたのに、また家の周りを走っている。一体いつまで走れば気が済むのだろう」と不思議に思われていたかもしれない。だが、当の本人は文句を言うこともなく、当たり前のように走りに行き、戻ってきたら涼しい顔で本を読んでいた。

ただこれも、無理やり走らせていたわけではない。下校してからの練習は管理していたわけではなく、「こんなことをしていたら速くなるんじゃない?」と、一つの提案として与えていただけに過ぎない。だから本人がサボったとしても、特に何も言わなかっただろう。

個人的な意見にはなるのだが、幼い頃からクラブチームで活躍する子の中には、いつしか「親に褒められたい」とか、試合の勝ち負けしか考えられなくなるケースもあるのではないかと思う。本人がやりたいことを、親の思惑が越えてしまったらいつしか噛み合わなくなる。私としてはそうではなく、彼女の自発性に委ねたいと思っていた。彼女の場合、私に褒められたいという気持ちではなく、自らの「こうなりたい」という思いで、走ることが「日常」に溶け込んでいったのだ。

子供たちの「自発性」で始まった練習会

今でこそ人前では落ち着いたイメージの強い長女だが、幼い頃は物事をはっきり言うタイプで、同級生とケンカすることもしょっちゅうだった。こうと決めたら譲らない性格で、相手が自分の思った通りに動いてくれないと気が済まない。そんな性格もあってか、学年が上がるにつれて周りから疎まれることもあり、友人関係に悩むことも増えていったのだ。そして小学4年生のあたりから、あまり思ったことを口に出さなくなった。ただ、それは決して自分を曲げたわけではなく、彼女なりの「芯」を持ち、あえて余計な口を挟まないようになったのだと思っている。

前述した「自発性」の話に戻ると、ちょうどその頃、彼女の同級生の発案で、私と妻がコーチとなり、毎週のように練習会を行うようになった。というのも、北播磨地区では毎年1月、「北播小学生駅伝カーニバル」という小学校・クラブチーム対抗のレースがある。希実が通っていた小野市立市場小学校も、校内マラソンで学年上位の児童を選抜してそのレースに出場していたのだ。

不思議なことに、私たちが住む町内の子どもたちは特に足が速かったようで、希実たちが最上級生になった時、「どうしても優勝したい！」と一致団結。そこで、ランニングを生業にしていた私たち夫婦に白羽の矢が立ち、「希実ちゃんのお父さんとお母さんに教えてもらおう」という話になったようだ。子どもたちからお金を取るわけにもいかず、週に1回、ボランティアの陸上教室が始まったのだった。

練習会と言ってもクラブチームのような厳しいものではない。駅伝メンバーの子たちは希実のように走り慣れているわけではなく、単純なタイムトライアルやジョギングだけでは飽きてしまう。そうしたメインの練習を入れながらも、鬼ごっこや変則リレーなど遊んでいる中で、「気づいたら小一時間くらい走り回っていたね」というように、走ることに辛さを感じさせない工夫をしていた。

約1時間の練習会終わりには、私と妻が海外マラソンや地方のロードレースなど遠征先で買ってきたお土産のお菓子を、「ご褒美」として配るのが恒例。そんな緩い雰囲気の練習会ではあったものの、集まった子たちの友人を呼ぶと何十人にも膨れ上がり、その弟・妹世代、そしてまた次の世代へと引き継がれていった。結局、希実が高校生になるまで、その練習会は続いていたのだ。

中には、中学校で陸上部に入った子や、希実の後を追って西脇工業に進んだ子もいる。まさかボランティアで始めた活動がこんなに長く続くとは……という驚き（と若干の疲れ）もあるのだが、練習会をきっかけに、地元の子どもたちが陸上の道に進んでいくのはうれしいことだった。

後日談だが、希実たちの代は2位と健闘したが、優勝には届かなかった。ただ、練習会に集まっていた同級生の中には、彼女と仲たがいしていた友人もいたらしく、そこからまた元の関係に戻ることができたようだ。彼女自身、校内では一番マラソンが速かったこともあり、走ることで自らの立ち位置を確立していったのだろう。

人生で初めてつかんだ「優勝」

早く本を読みたいがために走って下校し、ランドセルを置いてまた、家の周りを走りに行く。そんな希実の地道な積み重ねが、ようやく一つの実を結んだのは、小学6年生になる2011年1月2日のことだった。兵庫県稲美町であった「いなみ新春万葉マラソン」小学女子5・6年2キロの部で、初めて優勝をつかみ取ったのだ。

タイムは6分44秒。ゴール後、神戸新聞の記者の方が取材してくれて、彼女のコメントを紙面で取り上げてくれた。兎年にちなみ、「今年はウサギが飛び跳ねるようにいいタイムを出していきたい」との当時の一言は、干支が一回りした2023年のシーズン中もたびたび紙面で紹介されていた。全国紙のスポーツ面でも陸上の扱いはさほど大きくないのだが、兵庫は「陸上熱」が強いからか、神戸新聞さんは地元の小さな大会でも手厚くフォローしてくれるのだ。

希実は、マラソンランナーの妻の娘として写真に映ることはあっても、彼女個人の成績で新聞に載ったのは、それが初めてのことだった。当時の新聞記事は今でも大切に保管してある。この優勝がきっかけとなり、彼女はさらに走ることへの意欲を増していった。同じ年の夏、希実は妻が出場したオーストラリア・ゴールドコーストマラソンのジュニアダッシュ（4キロ）で優勝。海外で走ることの楽しさを知り、もっと速く、もっと強くなりたいという思いが芽生えたようだ。

だが、私は彼女の走りを見て、「トラックではある程度のところまでしかいけないのではないか」とも感じていた。というのも、当時の彼女のスプリント能力はほぼ皆無に等しかったのだ。100メートルを20秒で走るのが精いっぱい。いつもスタート直後は、最下位近くを走っていたのだから。

ただ、希実の性格にも通じるように、どんくさいけれど長く走り続けることはできる。つまり、スピードはないけれど、一定のペースを刻み続ける能力はあると感じていた。速くないけれど、粘れる。それは、マラソンランナーの資質に通じるものがある。将来的に海外のレースで戦ってみたいという望みを叶えるなら、マラソンに取り組めば、ゆくゆくは花開くのではないだろうか。逆に言えば、マラソン以外の種目では芽は出ないだろうと――。

しかし、そんな予想は良い意味で裏切られたのだ。

思い描いた成長曲線を上書きする走り

２０１２年の春、希実は小野南中学校に進み、陸上部に入部した。将来的にマラソンに取り組むことを見据えて、最低限必要なスピードを、時間をかけてじっくり育てていきたい。そのためには、中学校ではどのくらいのタイムを出しておくべきか、私なりに理想とする「成長曲線」をひそかに思い描いていた。

当初、私が考えていたのは中学校の間に１５００メートルで4分35秒を切ること。これは彼女のスプリント能力から現実的に計算したものだ。１００メートルを18秒で押していくと想定し、ラストに落ちてしまうことを考慮したうえで、このタイムに到達するのが精いっぱいだろうと。全国大会で入賞するなんて想定すらしておらず、中学最後の年に経験として「出られたらいいな」としか思っていなかった。

ところが、私の予想は中学1年生の秋に、あっさりと上方修正されたのだ。

希実にとって、初めて全国大会出場のチャンスが巡ってきたのは、毎年秋に行われるジュニアオリンピックだった。この大会はそれぞれの種目が学年別で行われ、有効期間内に標準記録を突破することが参加条件。ただし、標準記録の突破に関係なく、各都道府県から代表選手1名が出場できることにもなっている。

当時、女子C（中学1年）800メートルの標準記録は2分18秒50。その年、県内ではこの記録を突破している選手がおらず、8月末に行われる選考会の優勝者が代表として出場することになった。そして、希実は2分21秒でそのレースを制し、初の全国大会の切符をつかんだ。

実はその頃、私は妻が出場するシティ・トゥ・サーフマラソンの付き添いで、オーストラリア・パースにいた。妻もそのレースで優勝した。「そういえば希実のレースはどうなったのだろうか」とレース後、他校の陸上部で顧問をしている妻の同級生伝えで結果を聞き、妻と二人で「えっ」と驚いた。

標準記録を突破していない希実が、まさか中学1年で全国の舞台に立てるとは思いもしなかった。とはいえ、他の選手たちの多くは、標準記録を突破して出場する。運よく参加資格を手に入れた娘は、出場しても予選落ちで終わるだろう……。私と妻は翌日にランニングイベントを企画していたため、予選を見届けたらすぐ兵庫に帰るつもりだった。ところが、予選で希実は2分20秒60で組2着に入り、着取りで準決勝に進出。うれしい誤算ではあったものの、私と妻は帰らなくてはいけない。走り終えた希実に声をかけると、顧問の先生に彼女を託し、日産スタジアムを後にした。

翌日の準決勝は1組目に入り、2分17秒77をマークして組4着。大会期間中ではあるものの、標準記録も突破することができた。この組がハイペースで展開されたことで、希実はプラスで拾われて決勝に進出し、6位に入賞した。

当初思い描いていた、１００メートルを18秒で押すという設定を８００メートルに当てはめた場合、ゴールタイムは2分24秒になる。つまり、中学1年の秋時点で、その想定タイムを超えて、１００メートルを17秒で走る能力はついていたということだ。もしかしたら、2年生で全日本中学校陸上選手権（以後全中）に出場できるのではないかと、入学当初の目標を、早くも軌道修正することになった。

このステップを大事にしていけたら、将来的にマラソンでも違う景色が見られるかもしれない。大阪国際女子マラソンで上位争いに加わるような、妻が見ることができなかった景色に届くのではないか――。彼女の思いがけない成長に、私はそんなワクワクした気持ちを抱かずにはいられなかった。

中学時代の走りと、今も変わっていない

希実は、翌年の全中で1500メートルに出場するだけでなく、4分25秒81をマークして4位入賞を果たした。そして、3年生の全中では4分22秒21で、自身初の全国タイトルを手にしたのだ。いつものレースと同じく、後方からスタートした彼女は、中盤でトップの背中に追いつき、ラスト1周の鐘が鳴る手前で、先頭に立った。最後は、高松智美ムセンビ選手の追い上げを僅差でしのいでフィニッシュ。こうして中学3年間で予想以上の成長を遂げた要因は、スプリントが速くなったことより、それを維持する能力が伸びたことにあると思っている。

ひとえに一定のペースで走るといっても、無理して維持するのと、淡々と心地良く

こなしているのとではまったく異なるものだ。彼女の場合、負担なく一定のペースを刻んでいるように見えていた。１００メートルのタイムは18秒と決して速くはないが、距離が伸びてもそのスピードをキープできるのが彼女の強みだろう。

スタートはどの選手も「かけっこ」に近いペースで入っていくため、希実は出遅れているように見えるのだが、それは自分のペースを淡々と刻んでいるだけなのだ。特に中学・高校時代の１５００メートルは、序盤は先頭から離れていても、周りのペースが落ちる８００メートルを過ぎたあたりから追いつき、気づいたらラスト1周で先頭に立っている、というレースがほとんどだった。

余談だが、そんな希実のレーススタイルは、上手く利用すればペースメーカーになるわけだ。それを知るか知らずか、上手く生かしていたのが、のちに西脇工業で先輩後輩となる一学年上の高橋ひなさんだった。県内のレースでは、途中まで高橋さんに後ろにつかれ、ラストでシュッと抜かれてしまう。でも、本人にとって全速力に近いペースを刻み続けられるのは能力の一つで、これがマラソンで生きたら面白いことになるのではと感じていた。

今でこそ、国内では最初から先頭に立つレースも増えたが、８００メートルは当時の走りのままだと思っている。例えば１５００メートルで４分10秒を切ろうとするなら、１００メートルを16秒で走る計算になり、一周目から65秒を切るペースで入ることになる。ただ、周りの選手にとっては序盤のペースとしては速すぎるようで、結局ひとりで走ることになってしまうのだ。

一方、８００メートルは2分ジャストで走ると想定した場合、ラップタイムは一周60秒、１００メートルを15秒で刻んでいくことになる。他の選手は序盤に突っ込んでいくため、入りの２００メートルは置いていかれるだけの話。８００メートルも１５００メートルも５０００メートルも、同じことを表現しているだけなのだが、周りのレース展開によってそう見えていないのだろう。でも、中学時代の走りを知っている先生方には、「ほんと、昔の田中のままやなあ」と懐かしがられるのだ。

一度だけ落とした雷

娘の将来について、私なりに色々なプランを想定していたものの、信頼できる顧問の先生に預けていたし、レースの結果や練習内容についてとやかく口を出すことはなかった。ただ、中学生の時に一度だけ、レース中の行動について怒ったことがある。それは明石市の記録会で８００メートルに出場した際、ラストに差しかかるタイミングで後続の選手に抜かれそうになり、無意識にだがレーンの外側に膨らんでいったことだった。

今でこそ世界のトップレースでも見かける光景だが、抜かれないために外側に膨らむのは「正々堂々としていない、走路妨害だ」と叱った。本人は「そんなことをやったつもりはない」と泣いていたが、撮影したビデオを見せると納得し、反省したようだ。それ以来、彼女のレースでそうした行為を見たことはない。

元来、負けず嫌いな彼女は、時に自分の結果に満足いかず、悔しがって泣くこともあった。私と妻は「次のレースで頑張ればいいじゃない」と励ましていたのだが、それでも泣き続け、まるで私たちが泣かせているように見えるので、困ったものだった。マラソン夫婦が、レース後の娘に厳しいことを言っているようだと……。

例えタイムが伴わなくても、自分らしく走れた時はどんな結果でも彼女は受け入れるのだが、納得のいくレースができないとグズグズ引きずるのは、今でも変わっていない。私たちはそのたびに「いいレースばかりが続くはずないじゃない。何回もチャレンジすればまたチャンスが巡ってくるし、今日ダメだったところを修正すればいい」と諭すのだが、すぐに気持ちを切り替えるのは難しいようだ。幼い頃からの負けず嫌いで頑固な性格は、良くも悪くもなかなか変わらないものだ。

「自分らしくない」選択をした高校の進路

中学卒業後、希実は駅伝の名門・西脇工業高校に進学。結論としては本人の希望を尊重したのだが、私たち夫婦としては当初、文武両道を突き詰めてほしいとの思いがあった。そこで候補に挙がっていたのが、地元の進学校である小野高校だ。

小野高校は妻の出身校で、当時お世話になっていた先生が加古川の高校から戻り、陸上部の顧問をされると聞いていた。できれば妻も信頼している先生に預けて、勉強と陸上を両立するのが、本人のスタイルに向いていると思っていたのだ。

小野高校に進学してほしい理由は、実はもう一つあった。妻は高校時代、3年連続で県高校駅伝のアンカーを務めて、3回とも優勝のゴールテープを切っている。しかし、当時はまだ全国女子駅伝が開催されておらず、県で優勝したものの、全国の舞台を走ることは叶わなかった。希実が小野高校に進学すれば、3年間のうちに西脇工業や須磨学園と勝負できるところまで持っていけるのではないだろうか。自分と同じようにアンカーを務め、母校を都大路に連れて行ってほしい——とも妻は期待していたのだ。

希実自身も、強豪校で高校生活を陸上だけに捧げるより、勉強も陸上も頑張る環境のほうが「自分らしい」と思っていたようで、小野高校を受験するのはほぼ確定していた。ところが、12月末の進路希望調査の直前、西脇工業の前田泰秀先生から中学に連絡があり、「部活動見学に来てくれないか」との誘いを受けたのだ。

自分の進路に関わることなのだから、とりあえず見学には行かせた上で、彼女自身に断らせるつもりだった。だが、見学から帰ってきた彼女は思いのほか、悩んでいたのだ。私や妻も相談に乗り、年末まで悩みに悩んだ結果、本人は「西脇工業に進んでみたい」と意思を固めたのだった。

その決断の理由は、今までの自分を変えたいという思いからだったという。小野南中の自由な環境下で、予想以上の結果を残すことはできた。だが高校では、これまでとは真逆の、厳しいルールがある環境下で自分を試してみたいという気持ちが強かったようだ。

また、本人にとっては、中学からのライバルである後藤夢が進学することも大きかったのではないだろうか(どうやら前田先生は、希実には「後藤が入る」、後藤には「田中が入る」とそれぞれ伝えていたようだ)。一学年上には高橋ひなさんや南美紗希さんら力のある選手が揃っている。全国高校女子駅伝の兵庫県予選は須磨学園が20連覇中だったが、ちょうど希実が入学する前年、西脇工業が21年ぶりに都大路を決めていた。西脇工業に行けば、後藤と切磋琢磨しながら、都大路にも出場できるかもしれないとの思いが、最終的な決め手になったのだろう。

本人の性格上、本当なら厳しいルールや上下関係のない、自由にのびのびと競技ができる環境のほうが合っていたはずだ。だが、自分からあえて「自分らしくない」環境に身を置き、そこで強くなろうとした選択に対して、私たちが反対することはなかった（妻は少しショックだったようだが……）。思えば、私は西脇工業から勧誘を受けた際、色々な不安もあり、飛び込むことはできなかった。しかし、娘が覚悟を持って飛び込もうとしているなら、背中を押してあげなければいけないと思ったのだ。

西脇工業に進んだ後も、私は中学時代と変わらず、希実の競技にはなるべく口を挟まず、静かに見守るようにしていた。というのも、自分が指導者ではないのに、監督のことを否定したり、レース内容に口出しをしていたら、本人は何を指針にすれば良いのか迷ってしまう。それよりも、彼女が練習内容について疑問を抱いた時に、「先生はこういう考え方なんじゃない？」と、私なりの解釈をし、彼女の背中を押すような言葉がけをすることを意識していた。

ただ、これから戦っていくうえで彼女に一つだけ言っていたことがある。「留学生だからといって特別に思ってはいけない」ということだ。全国の強豪校にはケニア人留学生たちが多数いて、中でも仙台育英高のヘレン・エカラレ選手は突出した存在だった。彼女がいるなら日本人同士の争いに徹するのではなく、例え勝てなかったとしても、まずはひるまずに戦ってみるべきだと思っていたのだ。

高校3年生の山形インターハイで、無謀にも一人だけ、留学生に挑んでいたのを覚えている人もいるのではないだろうか。１５００メートル決勝では、留学生の先頭集団で肩を並べて走り、一時は5位に後退したが、ラスト1周のスパートで2位に入った。そして３０００メートル決勝でも、2位集団の留学生たちから日本人選手が離れそうになると、スーッと前に出てついていき、これもまたスパート勝負で2位を勝ち取った。海外の選手には「勝てない」と限界を決めるのではなく、果敢に挑んでいく。それは今の走りにも通じる「原点」でもある。

彼女らしくない環境に身を置いた3年間ではあったが、強豪校ならではの団体行動の厳しさ、ある意味個を犠牲にしつつ、全体に還元するという姿勢は、西脇工業に進まなければ学べなかっただろう。また、有難いことに、高校時代にはU20世界選手権

（3000メートル、8位）アジアクロスカントリー選手権（ジュニア6キロ、4位）やアジア陸上競技選手権（1500メートル、4位）など、ほとんどの国際大会の代表に選んでもらうことができた。当時の海外でのレース経験が、彼女の「世界で戦いたい」との思いを強くしたのは間違いない。

本人とは今でも冗談交じりで話すのだが、進学校の小野高校に進んでいたなら、ここまでの経験は積めていなかったのではないかと思うのだ。小野高校では毎月のようにテストや校内模試があると聞いていたし、国際大会に出場している間に授業が大きく進んでしまい、もしかすると「落ちこぼれ」になっていたかもしれない。勉強面での自信喪失や焦りが、競技に影響していたという可能性も考えれば、結局は西脇工業に進んだのが「正解」だったのではないだろうか。

振り返ってみれば、その都度不安を覚えながらも、すべてが必然の選択であり、色んなことを経験しながら「今」に集約されているのだろう。

強豪校でもない、実業団でもないという選択

高校卒業後の進路について、いよいよ本格的に考え始めたのは、高校2年生の全国高校駅伝を終えたあたりだった。大学の強豪校に進むのか、実業団に入るのか――。実力のある高校生の多くは、そのどちらかの道を選ぶことになるだろう。実際、希実にもさまざまな勧誘の声がかかっていたようだった。ただ、彼女の場合、どちらに進むにしても「自分らしく、自分のペースで取り組むことができるのか」という点において、色々な不安要素があったのだ。

仮に大学の強豪陸上部に入った場合、照準を合わせる試合は、全日本インカレや大学駅伝といった対校戦になるだろう。そうなると、年間の大会スケジュールは、本人の希望するものより、チームの意向を優先した流れになってしまう。本人が勝負したい場所はすでに国内ではなく、海外にあると考えていた中で、より大きな舞台に挑むには何をしていくべきか、そしてどういうレースを選んでいくべきなのかを突き詰めると、インカレや大学駅伝の「既定路線」に乗るのは違う気がしたのだ。

確実に日本代表や世界のトップレースを狙うには、年間のレースプランもまた違った路線で組み立てていかなければいけない。本人は年間を通して多くのレースをこなしていくタイプであり、周りからは「本当にレースを選んで出場しているのか」と思われがちだが、実際は本人と相談しながら、狙った大会に向けて必要なレースを選び取っている。手当たり次第、さまざまな種目に出場しているわけではない。

種目ごとにレースの意図や強度、ギアの上げ方を考えて取り組んでいる中で、それぞれの感覚がつながり、狙った大会でのパフォーマンスに結びつく。後ほど詳しく説明するが、800メートルも、1500メートルも、5000メートルも、すべてが一つの場所にたどり着くために取り組んでいることなのだ。2019年のドーハ世界選手権や、2021年の東京オリンピックで最終的な目標を叶えるために、その過程で必要なレースを選んでいったつもりだ。

ただ、このようにレースを組み立てていく場合、大学の陸上部に所属していると、さまざまな壁にぶつかってしまうだろう。そもそも長距離選手が400メートルや800メートルに出場するのは難しく、インカレのように一種目に3人しかエントリーできない場合、チーム事情を考慮してレースを組まなければいけない。対校得点を稼ぐために、本人が希望しない種目に出場することもあるだろう。

また、実業団の場合、大きなトラックレースは全日本実業団選手権くらいで、他はプリンセス駅伝、クイーンズ駅伝に向かっていくしかない。本人も進学の意思が強く、高校卒業時点で実業団に進むという選択はあまり考えていなかった。

彼女の「大学でスポーツを学びたい」という意思を尊重した上で、陸上部に所属せず、彼女のペースに合わせて競技を続ける方法はないのか——。当時からシューズ提供などの支援を受けていたニューバランスや、西脇の前田先生と相談を重ねていた。前田先生からは「どうしたいのかはっきり決めてくれたら、自分のできることならサポートしていきますよ」との申し出もあった。そして最終的に、実業団でもなく、学連にも属さない。大学で学びながら前田先生のもと、クラブチームを結成して活動する、という新たな形にたどり着いた。

突然のコーチ打診

２０１８年春、希実は同志社大学スポーツ健康科学部に入学。同時に、尼崎市を拠点とする「ＮＤ28ＡＣ（アスレチッククラブ）」としての活動を始めた。西脇工業から尼崎市の神崎工業に異動された前田先生が指導を引き受けてくださり、希実、後藤夢、今枝紗弥の３人で結成されたクラブチームだ。希実は初めて親元を離れ、練習拠点とする尼崎市で一人暮らしを始め、信頼する前田先生のもとで、新たなスタートを切った。

ただ、数か月が経った頃、彼女は活動の方向性について悩み始めたようだった。というのも、前田先生は教職という本業の傍ら、ボランティアのような形で指導を担っており、西脇工業の頃のようにすべての練習を見るのは難しい状況だった。週に1、2回しか来られないことや、合宿に選手だけで行くこともあり、実家に帰ってきた彼女から「このままでいいのだろうか」と何度か相談されていたのだ。

中学、高校と私からメンタル的なアドバイスをすることはあっても、練習内容やレースプランは顧問の先生に一任していて、希実から競技について深刻な相談をされることはあまりなかった。こうして私に悩みを打ち明けたということは、彼女自身、かなり行き詰まっていたのだろう。その年の夏、U20世界選手権3000メートルで金メダルを獲り、周りからは順調にステップアップしているように見えたかもしれない。しかし、本人は「たまたま今までの力が出せただけ」と捉えていて、現状に閉塞感を抱いていたようだった。

そして2018年12月の暮れのこと。沖縄の合宿から戻ってきた彼女に「コーチを引き受けてくれないか」と言われたのだ。

初めは戸惑いもあったものの、年明けから彼女の練習を見るようになり、まずは本人が狙う世界クロカンの代表選考レース、福岡クロカンに向けたトレーニングが始まった。とはいえ、私は妻の練習パートナーを務めながら、元々のコーチの指導方針を受け継ぎ、自己流のエッセンスを加えて練習メニューを立てていただけ。子どもや大人向けの練習会で教えたことはあっても、世界を狙うような競技者を指導するノウハウは持ち合わせていなかった。

自分はあくまで「臨時」のコーチ。この先も何とか前田先生に指導してもらえないかと模索していた。というのも、このクラブチームは彼女の意向に沿って、各方面の尽力の上に実現したものだ。できるなら最後までしっかりまっとうしてほしいとの思いがあった。前田先生が来られない時だけ自分がサポートするから、続けてもらえないだろうか……。年明けから数か月かけ、色々と調整を図ってはみたものの、やはり教職との兼ね合いもあり、このままクラブチームを存続するのは難しいとの結論に至った。いよいよ本格的に私がコーチを担わざるを得ない状況になったのだ。

正直なところ、希実のコーチングは初めから前向きに引き受けたわけではない。親子だからこその難しさもあるだろうし、自分がどこまで彼女を導けるのだろうかとの不安もあった。だが、コーチを務めるとなったからには、本人が望むまで、彼女の目指す場所にたどり着くための「手伝い」をしていこうと思ったのだ。

覚醒

第3章

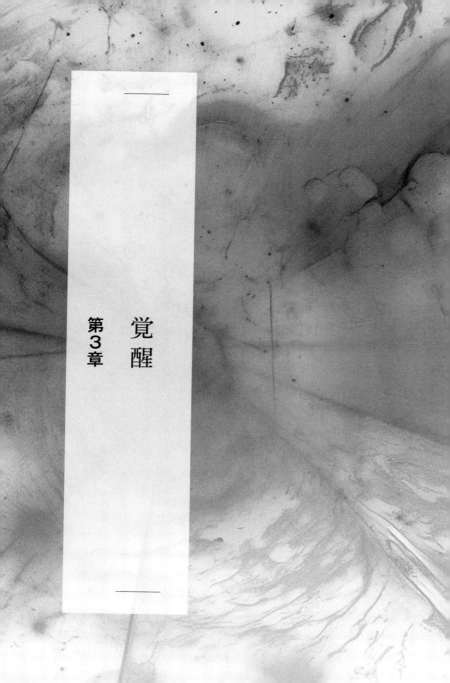

コーチと選手、親と娘の関係性

２０１９年春、大学2年生となった希実、チームメートの後藤は、豊田自動織機TCとして、引き続きクラブチームという形で活動することになった。このチームは、豊田自動織機が実業団チームとは別に、個人での活動を支援するとして、彼女たちのために創設してくれたものだ。そして、私も本格的に娘たちのコーチを引き受けることになった。初めはあくまで急場しのぎ、新たなコーチが見つかるまでの「つなぎ」と考えていたのだが……。

ただ、一度コーチを引き受けたからには、自分なりのメソッドで彼女たちを目標まで導かなければならない。前田先生からバトンを引き継いだ後は、それまでの取り組みをいったんゼロベースにして、自分の現役時代を振り返り、「あの時にこういう練習ができていれば」「こういうことをやっていたらもっと強くなれたのでは」と常々考えていたものを、彼女たちの練習メニューに落とし込んでいった。

幼い頃から私と妻の練習を近くで見てきたからか、希実から「先生はこういう練習をやっていたのに」と不満をこぼされることはなかったと思う。人それぞれの指導スタイルがあり、前田先生の指導にも良さがあって、私にも自分なりの考え方がある。彼女はそれを理解し、そこに甲乙をつけるのではなく、自然と私のメニューを受け入れていったようだ。私もまた、希実には常に「この練習にどんな意味があるのか」をていねいに説明するようにして、彼女自身が体調や気象状況を考慮して調整したい部分があった場合は対話を重ね、双方が納得できるよう折り合いをつけてきた。

指導者と選手のすれ違いでよく見られるのは、指導者のやりたいことと、選手のやりたいことが上手く噛み合っていないケースだ。目標や練習プランについて、選手が考えていることを、指導者の方針が大きく飛び越えていたり、方向性がまったく異なっていたりしたら、それは指導者のエゴになってしまう。結果的に、選手の信頼を遠ざけることにつながりかねない。

私自身も、本人のために良かれと思って用意したことや、レースや遠征のプランが本人のやりたいことではなく、自分が「やらせたい」ことに傾いていないか、常に自問自答しながらやってきたつもりだ。大切にしているのは、海外遠征やレースプランを初めから指定するのではなく、その都度本人と「どうする？」と話し合うこと。こちらから「こういうやり方もあるんじゃないの？」と提案することもあるが、それが単なる「誘導」にならないよう、きちんとその意図を伝えた上で、最終的には本人の選択を尊重するようにしている。当たり前のようだが、コーチとは、あくまで選手の目標をサポートする存在であることを忘れてはいけない。

親子であり、コーチと選手という関係性――。

よく希実との関係性の変化について問われるが、個人的にはあまり変わっていないと思っている。というのも、中学・高校と二人で陸上の話をする時は、練習内容や試合結果より、考え方の部分に対するやり取りがほとんどで、そこはコーチと選手の関係になった今もあまり変わっていないからだ。「父親は娘に甘い」とも言われるが、私も娘も、互いに「べったり」という感じでもなく、どちらかと言えばドライな関係性かもしれない。

とはいえ、世間的には親子であるがゆえに、「甘やかしているのでは」と誤解され、特に結果が出なかった時は厳しい目で見られることもある。だからこそ、親子ではあるものの、一般的な「親子」のようには接さない。特に対外的、人に見られるような場面では節度を保ち、選手とコーチという距離感を守るように常々心掛けてきた。

親子で取り組むメリット、と聞かれると難しいのだが、私たちの場合は、解決しなければならない時は遠慮せずに言葉で伝え合うようにしている。指導者や選手の中には、互いの顔色をうかがい、〝本当に言いたいこと〟を飲み込んでしまうことが多いように感じている。指導者と選手の関係といえども、そこには越えてはいけない一線があるのだろう。しかし、私たちは父娘だからこそ受け入れられる、許される言葉があり、思いを飲み込むのではなく、妥協せずに意見を交わすことができる。娘はそれを「ケンカ」と呼ぶのだが……。

確かに、関西人で言葉遣いがきついからか、言葉をぶつけ合っているのを傍から眺めたら、親子ゲンカのように見えるのかもしれない。だが、それはお互いに現状を「良くしよう」と思ってストレートにぶつかり合っているのであり、単純に「ケンカ」と言うのは違うような気がしている。平行線に見えるようで、互いの意見が交わる「点」を探しているのは間違いないこと。最終的に交わっているからこそ、これまでの結果に結びついてきた。

仮に議論が平行線のままだったらそれっきりになっているだろうし、それこそ選手とコーチの関係性は破綻していてもおかしくない。これまで何度も「最大級」の衝突を繰り返してきたが、互いに親子というより「人」として認めあい、尊重しているからこそ、5年が経った今も、父と娘、コーチと選手という変わった関係性が何とか続いているのだろう。

まずは5000メートルで勝負できる選手に

話を戻すと、私が希実のコーチとなったのは、9月にドーハ世界選手権を控えるシーズンだった。幼少期からゆくゆくはマラソンにとのビジョンを描きながら、その都度目標を上方修正してきたが、コーチを引き継いだ時点で考えていたのは、まずは5000メートルで勝負できる選手に育てようということだ。

当時、彼女はまだ1500メートルでそこまでの力を示していなかったが、500

0メートルでは大学1年の秋、15分15秒80をマークし、すでに参加標準記録（15分22秒00）を突破していた。ひょっとしたら、5000メートルなら世界で戦える可能性があるのではないか――。まずは、日本選手権で確実に代表権を掴み、世界選手権に送り出すことが、私に課せられたファーストミッションとなった。

世界選手権で戦うことを見据えて、希実と意見が一致していたのは、今のタイムのままでは「記念参加」で終わってしまうということだ。前回大会の決勝通過ラインは15分07秒前後。ドーハで決勝に残るには、最低でも15分10秒を切らなければならないと考え、そのタイムをイメージできるような練習を組み立てていった。

最初からゴールタイムをイメージするのは難しいが、単純に計算すると、1000メートルを3分フラットで走るのを積み重ねていけば、15分00秒になる。つまり、400メートル72秒、1000メートル18秒、このタイムで押していける力を、3000メートル、4000メートルと伸ばしていけばいい。例えば、5000メートルを3000メートルや4000メートル、1000メートルで割り、そのタイムで走るのを繰り返すような練習をさせていた。身体がそれを楽に繰り返すことができる、走りの再現性を高めることが目的だった。

先にも少し触れたが、希実が８００メートルや３０００メートルに取り組んでいるのも、これに近い発想になる。周りからすればまったく違う種目に向かっているように見えるだろうが、実は根っこですべてが通じ合っているということは、後ほど説明させてもらいたい。

合宿だからといって、特別なことは何もしない

ドーハを目指しながら、一学生でもあった希実は、豊田自動織機ＴＣに籍を置きながらも、基本的には学業を優先したいと考えていた。そのため、ポイント練習は週末のみ、平日の練習は朝・午後にそれぞれ一時間ずつと「短期集中型」のスタイルを取ることになった。

私自身もまた、実業団時代は社業の合間を縫って、「限られた時間でいかに質の高い練習ができるか」を常に考え続けていた。それは妻との活動にも通じている。潤沢

とはいえない時間と資金の中で、何となく取り組むのではなく、どうしたら結果を出せるかを二人で模索してきた。

練習はだらだらやっても仕方のないものだ。一つひとつの練習の意味を理解せず、ただただ距離を走り込んで満足してしまうより、気持ちの入る時間、本数、メニューに絞り、出力を上げて取り組むほうが、結果的に中身が濃くなるし、時間も有効に使えるはずだ。そうした考え方が、幼い頃から練習を見てきた希実にも伝わっていたのだろう。

彼女の競技レベルが上がるにつれ、練習のタイム設定が上がっているが、実はトータルの走行距離自体はさほど変わっていない。２０２３年の秋、本人は久しぶりに走行距離を計算してみたそうだが、私の予想通り、１週間で70～80キロ、月間で３００キロを少し超える程度だった。他の中長距離選手が月に６００～７００キロは走り込んでいるのと比べたら、彼女の走行距離はその半分程度に過ぎない。

以前、日本陸連の研修会で、廣中璃梨佳さん、新谷仁美さん、そして希実の練習をそれぞれ公開したことがあった。他の二人と比べて明らかに一回の練習時間や走行距離が少なかったようで、周りの指導者から「全然走り込まないんですね」と驚かれたほどだ。

たとえば高校、大学の合宿では「追い込み期」として、普段より練習のボリュームを大きく増やすこともあるが、私の場合、合宿だからといって何か特別なことをするのではなく、日々の練習と同じことを黙々と繰り返すだけだ。

場所を変えるとついつい特別なことをしなければと思いがちだが、いくら合宿期間中に追い込んだとしても、それが一過性のもので、帰ってきたら元通りになるのならあまり意味がないし、ケガのリスクも高まってしまうのではないだろうか。もちろん、選手に合わせた色々なアプローチがあり、それぞれの指導者のやり方を否定するつもりはない。

ただ、個人的には惰性で走り込み、「これだけ走った」という自己満足で終わる「根性論」的な練習はあまり好みではないのだ。それよりも、ムダに長く走ることでの疲労や故障のリスクを極力減らし、いつでもレースに出られるような身体を作っておくことのほうが大事だと思っている。事実、希実はこれまで大きな故障はなく、202

3年の都道府県女子駅伝を足の違和感で回避したくらいではないだろうか。

練習とは、同じことを地道に何度も繰り返し、質を上げていくことだと思っている。合宿に来たからといって、死に物狂いで練習を乗り切るのではなくて、日々のわずかな積み重ねが積もり積もって土台となり、本人が気づかないうちにベースが上がっていくのが、私の理想とするところだ。そのためには、故障や疲労で練習を中断せず、常に走れる状態を保つことが求められる。その根本的な考え方は、彼女のレベルがいくら上がろうが揺らぐことはない。

表彰台に上れなかった日本選手権

ドーハまでの過程を振り返ると、前年のU20世界選手権で優勝したこともあり、関西ローカルでは徐々に希実への注目度が増していた。おそらくは、翌年の東京オリンピックにむけて〝次世代選手〟を発掘するという趣旨もあったのだろう。ニュース番組で特集を組まれることもあり、試合ではウォームアップからカメラに密着されることも増えていった。

メディアの方々は、すでに参加標準記録を突破した彼女が、日本選手権で表彰台に上がり、自身初のトラックでのシニアの日本代表として、満を持してドーハに羽ばたく……という筋書きを構想していたのだと思う。しかし、言い訳になるかもしれないが、彼女はまだ取材対応に慣れておらず、気負ってしまった面もあったようだ。練習はしっかりこなせていたはずなのに、試合では練習通りの力を発揮できず、レース展開然り、〝なんかしっくりこない〟状態が続いていた。

春先からすっきりしないレースが続いた中で、迎えた6月の日本選手権の最終日。5000メートルはエントリーが発表された時点で、希実は持ちタイムで鍋島莉奈さんに次ぐ2番手だった。参加標準記録を突破している選手の場合、優勝すれば即内定となり。3位以内なら即日決定ではないものの、内定はほぼ確実なものとなる。

希実は序盤から集団前方でレースを進め、中盤は日本人選手の先頭を走っていた。だが、残り3周を過ぎたあたりから周りのペースが上がっていき、残り1周の鐘が鳴った時点で4番手。ラストスパートの切り替えに対応できず、結果は木村友香さん、鍋島さん、そして廣中さんに次ぐ4着に終わったのだ。内定がほぼ手中となる表彰台にあと一つ及ばない4位——まさに「取ってはいけない」順位だった。

レース翌日、大会会場の福岡から兵庫に戻り、私と希実はこれからの方向性について話し合った。日本選手権の結果を踏まえると、5000メートルの代表は、即内定した木村さん、残り2枠は2位の鍋島さん、そして廣中さんが期限内に標準記録を突破すればそのまま内定することになる。しかし、仮に彼女が突破できなかった場合、すでに参加資格を有する希実にも一縷の望みは残されていた。

だが、「表彰台に上れなかった」という事実は重く受け止めるべきであり、やはり私たちの考えが甘かったのだと痛感させられる結果だった。というのも当時、翌年の東京五輪の参加標準記録が発表され、女子5000メートルは15分10秒00と、ドーハ世界選手権から12秒も高く設定されたことが関係者の間で話題になっていた。その時はただ驚くばかりで、具体的な数字として捉えていなかったのだが、本気でそのタイムを狙うくらいでなければ、日本代表にもなれないし、世界でも戦えないのだと改めて考えさせられたのだ。

もし、多くの選手が同じ立場だったら、大会直前の代表追加招集にかかる可能性にかけ、ドーハに出るつもりで調整を進めておくだろう。だが、希実に提案したのは、最終的な発表で選ばれるのを待つのではなく、むしろ「選ばれなかった」と仮定して行動しよう、ということだった。代表に選ばれるためのアピールはしつつも、ドーハに「出たい」と考えるより、東京で「勝負する」ことを見据えて、誰より早く15分10秒切りを狙いに行こうと、気持ちを切り替えたほうが良いと思ったのだ。

結果的に、廣中さんが期間内に記録を切らなかったことで、希実が最後の一枠の代表に滑り込んだ。もちろん選ばれたこと自体はうれしかったが、私たちの気持ちはすでに東京五輪に向かっていた。とはいえ、世界のトップ選手に揉まれて走るだけで、15分10秒は切れるのではないかという期待感。そして、シニアの日本代表としてデビュー戦となるトラックで、どんなことが表現できるのかというワクワクした気持ちに満ちていた。

灼熱のスペインで片付けた「宿題」

私たちにとっては、日々の積み重ねをレースで表現できるかどうかが「指標」であり、試合を重ねながら現状や練習の成果を確かめている。つまり、いくら練習が積めていてもレースで発揮できないのなら意味がないし、逆にレースが良くても練習ができていないのなら、「まぐれではないか」とモヤモヤしてしまう。練習とレースは常に相関関係にあり、互いが噛み合うことで初めて納得できるのだが、ドーハの直前までは「練習を試合に還元できない」状態が続いていた。

特に本命の5000メートルでは、春先から噛み合わないレース続きで、もどかしさを払しょくできずにいた。そんな中、7月のホクレン北見3000メートルでは、日本歴代3位（当時）の8分48秒38をマーク。余談だが、彼女は周回を勘違いし、一周早くスパートをかけてしまい、福士加代子さんの日本記録に（8分44秒40）には届かなかった。悔やんではいたものの、それをズルズルと引きずらずに前進できたのは、日本選手権での敗戦を経て成長した証拠だったのかもしれない。

せっかく前向きな気持ちが芽生えてきたのだから、このまま5000メートルでも成功体験を作ってあげられないものか……と思っていた時、ちょうどタイミング良く、AR（世界陸連公認代理人）のサポートを得て、9月頭にスペインのレースに参加できる話が舞い込んだのだ。

彼女にとっては代表派遣以外で初めての海外遠征。普段とは異なる環境下で、果たしてどれくらいのタイムが出せるのか未知数ではあったが、国内で行き詰まっているのを逆手に取り、海外のほうが心身ともにのびのびと走れるのではないかという期待もあった。結果的に、この遠征が功を奏して、当時のセカンドベストの15分17秒28をマーク。参加標準記録の有効期間が終わる間際に、再びその記録を突破することができた。

レース後、時置かずして日本陸連から代表追加選手が発表され、その中には希実の名前があった。今思えば、スペインのレースに出ることなく、そのまま代表に選ばれていたら、彼女は引け目を感じたまま「参加するだけ」で終わっていたかもしれない。ようやく練習とレースがぴったりと噛み合い、一つの結果につながったことで、「世界の舞台に堂々と参加して良いのだ」と、背中を押されたような気持ちになれたのだろう。

ドーハの決勝で、常識的な考え方を覆された

ドーハまでの約1か月間、希実はスピードを意識した負荷の高い練習をしっかりこなし、ポイント練習の合間に入れる2000メートルも5分50秒前後で余裕を持って走れていた。好調ぶりは明らかで、まずはレースの流れに乗るしかないとは思いつつも、自己ベストは出せるだろうという手応えを得ていたのも事実だ。

やはり世界の舞台に立つからには、何かしらの収穫を得て、存在感を示したいとの思いは、私たちの間で一致していた。目指している15分10秒切りは、東京オリンピックの参加標準記録であると同時に、ドーハの決勝に進出できるラインでもある。その記録を当たり前のように狙い、着順で決勝に残ることが、彼女にとっての最大のターゲットだった。

予選は2組。各組5着までに加え、タイム上位5人の計15人が決勝に進出できる。予選1組、中盤まで着順を取れる位置をキープし、3000メートル以降のペースアップにもなんとか耐えて、15分04秒66の6着でフィニッシュ。着順こそ逃したが、全体12番手のタイムで決勝進出を決め、同時に東京五輪の参加標準記録を突破することができた。

決勝は、本当の意味で「世界」を体感することができたレースだったと思っている。決勝では、日本歴代2位（当時）となる15分00秒01のベストを出したが、最後まで勝負に絡むことはできず、後ろから2番目の14着でレースを終えた。今の彼女に何ができて、何ができないのか。私にとっても気づきの多い時間だった。

実のところ、あとほんの少しの力の出しようで、彼女が14分台に突入する段階まで来たことに、私は驚かされていたのだ。当時はまだ、多くの人たちと同じように、私自身も常識的な考え方にとらわれていたのだろう。

それは、日本人女子の14分台は、福士さんのようなスター選手だから出せたものであって、目立ったスピードもない希実が出せるものではない、ということだ。実際、この時点で彼女が15分フラットで走ることはイメージすらしていなかったし、予選で15分05秒を切っただけでも十分収穫はあったと思っていたのだから。

当時、私の想定としては、ドーハで標準記録を突破し、東京五輪で15分を切れるかどうかの勝負になるだろうと踏んでいた。予想より1年も早く14分台の入り口に立てたことで、これまでの練習方針は間違いじゃなかったのだと、ホッとする気持ちもあった。自分なりにやってきたことを粛々と繰り返していけば、1年後には目指している場所にたどり着けるのだろうと——。

しかし、ドーハから4か月後、ある選手たちの走りで、そんな考えの甘さを痛感することになる。

甘さに気づき、反省したニュージーランド遠征

自分たちが「できている」と思っていたことが、実はできていなかった。

そう気づかされたのが、2020年2月から行ったオセアニア・ニュージーランド

遠征だった。当時の私たちはまず、春先に温かい場所でシーズンインして、日本に戻り、4、5月くらいから徐々にエンジンを上げていき、6月の日本選手権に1つ目のピークを合わせるというスケジュールを組んでいた。シーズン初戦としては、1500メートルで4分15秒前後、5000メートルは15分20秒前後で走ることができれば十分で、そこから徐々に仕上げていけば問題ないと捉えていた。

だが、そんな甘い考えは、一瞬で崩れ落ちた。

シーズン初戦、ハミルトンで行われた1500メートルのレース。希実は4分16秒74でまとめたが、卜部蘭さんにラスト勝負で競り負け、僅差で先着された。そして1週間後、オークランドの5000メートルでも、新谷さんに18秒もの差をつけられ、15分24秒98で2着。一方、優勝した新谷さんは15分07秒02の自己ベストをマークし、希実に続いて2人目の東京五輪の標準記録突破者となった。

私の考えが、ただただ甘かったのだと、思い切り殴られたような感覚だった。

タイムだけ見ると、春先としては「これくらいでいいか」と及第点を出せるラインではある。しかし、二人はその時点で、はるか先を見ていたことに気づかされた。東京五輪を見据えて、早めにシーズンインしていたつもりが、二人はすでにオーストラリアで初戦を終えた上で、ニュージーランド遠征に臨んでいた。

新谷さんに至っては、参加標準記録を突破する意気込みで入っていたのだろう。彼女が序盤からハイペースで押していった一方、希実がそのペースに乗り切れなかったという点において、その時点での力量、意識に明らかな目標レベルの差が生まれていたのだと、まざまざと見せつけられたのだ。

私たちはまだ、東京五輪に出ることだけを考え、五輪で戦うことまでには思いが至っていなかった。だが、新谷さんは春先の段階で土台（参加標準記録を突破）を作り、「五輪で戦うためにどうすればいいか」というところまで見据えることができていたのだろう。

五輪に出ることを目指すのか、出てどうしたいかを考えるのかでは、取り組む姿勢は大きく変わる。良くも悪くも、これまでの中長距離選手の多くは「出ること」が目標になっていて、指導者もそこに合わせた練習プランや戦略を練っていたのだと思う。だから、いざ代表に選ばれてレースに出ても、何もできずに終わってしまっていたのではないだろうか。

自分たちとしては、早々に「戦うこと」を見据えて、そうではない方向を歩んでいるつもりが、実際はまったく意識が届いていなかったのだと痛感させられた。おそらく、二人のコーチを務めるＴＷＯ ＬＡＰＳの横田真人さんは、仕上げるタイミングも含めて、「出てどうしたいか」を具体的にイメージしながらメニューを組み立て、動き出していたのだろう。自分がそこまで希実を導けなかったことを、反省するほかなかった。

オークランドでの５０００メートルのレースを終え、会場近くのホテルに戻った私は、１か月前に成人式を終えたばかりの希実を誘って、深夜まで営業しているバーでお酒を飲みながら、今後のトレーニングの方向性について率直に話し合った。

いま考えてみれば、２０１９年の日本選手権の時も、前年の秋に15分15秒を出していたことで、「何とかなるだろう」という甘い考えに流されていたのかもしれない。何とかなるではなく、何とかしなければならなかったのだ。結局、「大丈夫だろう」という守りの姿勢で動いていたのが、あの4着という結果を招いてしまったのだと思う。

そしてドーハで想定より早く14分台に近づいたがゆえに、「同じ練習を繰り返していけば問題ないだろう」と思ってしまったのが、甘かった。東京五輪の参加標準記録が大きく引き上げられたが、彼女が先にそこに到達した手前、「このタイムを本気で意識している選手はそう多くないだろう」と高を括っていたのかもしれない。実際は、新谷さんたちが粛々と狙っていたのに、だ。

「日本選手権と、同じ失敗を繰り返してしまった」

私も、希実も、お互いに同じ反省を抱いていた。そして、考え方を改めた。

「やっぱり、今までの心地良い練習では通用しないね。やり方を変えていかないと」

それまでの〝心地良い練習〟というのは、例えばトップスピードで走る部分に設定タイムを課していても、インターバルの「つなぎ」の部分では、休めるようなトレーニングのことだ。本数が重なり、しんどくなっていくにつれ、メイン部分のスピードを維持するために、つなぎのジョグのペースが落ちていき、「貯め」を作らせてしまっていた。結局、設定タイムはクリアして心地良く練習を終えることはできても、つなぎを合わせたトータルのタイムが本数を重ねるごとに落ちていくのでは意味がない。

より実戦に近いペースを再現するためにも、この「つなぎ」の意識を大きく変えた。例を挙げるなら、1000メートルの場合、300メートルや200メートルなどの距離をレースペースで走らせ、つなぎのジョグもダラダラしないように、トータルのタイムを設定する。

300メートル+つなぎの100メートルなら、400メートルのタイムが80秒に収まる設定でインターバルを行う。それが楽にこなせるようになったら、78秒、77秒、76秒……と徐々に設定タイムを上げていくというものだ。その兼ね合いが74秒まで来るとほぼ休めていない状態になるが、思い通りにいかないレースでどこまで速いペースを保てるか、どう耐えきれるかを練習からイメージしておくことが大切だと考えた。

つなぎのタイムも含めて練習の強度が上がるにつれて、設定タイムや練習内容を巡り、希実と衝突することも増えていった。本人にとってはレースより普段の練習のほうが緊張するものになっていたようだ。レースはスタートラインに立ってしまえば腹を括るしかないが、ポイント練習は前もって内容やタイムが決まっていて、できるか・

できないかの葛藤から始まり、開き直ることができないのだろう。完璧主義者の彼女は練習を100パーセント達成できないと満足できない。走る前から「できるか分からない」とぼやくこともあった。

私としては、できるかどうかより、まずやってみるというマインドが大切だと思うのだ。最初から完璧にこなす必要はなく、どこまでできたかを把握して、そこからどう改善していくか、どう埋めていくかを考えることに大きな意味があるのではないだろうか。できないことがあるのは「伸びしろ」があるということで、後ろ向きに考える必要はないと思っている。

「今日はここまでできたのだから、次にクリアできればいいじゃない」
「またこの練習をやるとするなら、そこまでにどうアプローチしていこうか」

練習を完璧にこなせなかった悔しさをただ引きずるのではなく、次への学びに変えられるよう、トレーニング後のアプローチや意義付けを工夫してきた。

練習を〝比べられない〟ようにする理由

練習メニューを組み立てる上で、一つ意識しているのは、過去の練習と「比べられない」ようにすることだ。ジョグ以外の練習に一貫性はなく、見た感じは同じように見えても、距離の組み合わせを変えたり、インターバルを調整したりして、まったく同じ内容を繰り返さないようにしている。おそらくポイント練習は、一年のうちに同じメニューを与えることはほとんどないはずだ。

その理由は、希実が「数字」をもとに、自分の調子の善し悪しを比べてしまうことにある。例えば、同じ内容の練習を行ったとして、以前のようなタイムでこなせなかったら、「できなかった」という不安を大きく抱えてしまう。同じようにこなせたとしても、余裕度が違うとそれにもモヤモヤしてしまうようだ。そんな彼女の性格を踏まえて、過去と比較できないようにメニューを組み立てるようにしている。たまに巡り巡って、1年ぶりに同じメニューに当たると「あの時よりタイムが落ちた」とぼやくこともあるのだが、前日の練習内容など、そこに至るまでのアプローチが違ってくるため、単純に比較することはできないのだ。

毎週、もしくは数週間おきに同じメニューを入れて、タイムを比べられるようにしている選手も多いと思うが、私としては、成長を測るのはポイント練習ではなく、練習の大半を占めるジョグだと考えている。彼女の場合、1週間のスケジュールのうち、週に1、2回のポイント練習を除いて、早朝や午後はすべてジョグに充てている。ジョグとは、単にゆっくり距離を踏むだけのものではなく、ポイント練習やレースへの引き出し、ベースとなるもので、すべての「基本」だと思うのだ。また、ジョグの中で自分の感覚、感触と対話することで、些細な違和感にも気づき、故障を未然に防ぐこともできるだろう。結局は、ジョグを「疲労抜き」だとおざなりにせず、目的意識を持って取り組むことが、土台を高めることにつながる。

ニュージーランド遠征での失敗を経て、彼女の指標にしたのは、1キロ4分を切るペースのジョグを、楽にこなせるかどうか。当時も今も、一日20キロ以上走ることは滅多になく、距離を踏まなくとも質の高いジョグにするには、そのペースをさらりと維持できなくてはならないと考えた。ジョグを1キロ4分以内で走るということは、ポイント練習の翌日などで疲労が残っている場合、ポイント練習と同等の負荷がかかることになる。しかし、彼女は当時からこのペースで走ることはできていて、今では意識せずとも当たり前のように刻めるようになっていることが、彼女の成長であり、強みではないだろうか。

そして、比べられない練習をする意図はもう一つ、彼女に柔軟に考える力を身に着けてほしいと思っているからだ。

例えば、私たちはどんな練習の時も必ず「流し」を入れていて、それもきちんと150メートルの距離を測り、タイムも計測している。流しはあまり重要視されないが、スピードを出した時の感覚、動きを覚え込ませるためにとても大切なものだ。彼女の徹底ぶりは、海外遠征先にもウォーキングメジャーを持っていくほどだが、個人的には、本当はあまり良いことだと思っていない。

海外はサブトラックがない競技場も多く、近くの公園やロードでアップすることもあるのだが、いくらメジャーで距離を測ろうが、環境や路面の舗装も異なるし、タイムを単純に比較することはできないはずだ。それを分かった上で距離を測っているのなら良いのだが、彼女の場合、そのタイムで自分の調子を判断してしまう。私としては、タイムだけで左右されず、異なる環境であることを受け入れて、柔軟に考えられるような「余裕」を持ってほしいと思っているのだが……。

以前は、海外のレースでも決まった内容のアップができないと、不安になるようだった。大会会場に3時間前に到着し、この時間にこの動きをして、と規則正しいルーティンを崩すのが怖かったのだろう。ただ最近は、会場入りする時間も柔軟になり、動き出す時間やアップの内容も、その場の環境に応じて調整できるようになってきている。海外では練習場所が時間になっても開かないなど、予測していないトラブルが付きものだ。そうしたさまざまな経験を経て、自分の思い通りにいかなくても、置かれた環境の中で対処する能力が芽生え始めたと感じている。

余談だが、23年ブダペスト世界選手権で、ハッサン選手とお会いする機会があった。どうやら、希実はそうした私の方針について愚痴ったようで、ハッサン選手からは「比べられるような練習じゃなきゃダメよ！」と言われたのだが……、本人が海外の選手のように、もっと臨機応変に対応できるようになったら、比べられる練習を取り入れても良いのかもしれない。

苦しみを希望に変えたコロナ禍

話を戻すと、ニュージーランド遠征の直後、世界は新型コロナウイルスによるパンデミックに陥った。私たちはちょうど滞在中のホテルで、横浜港に入港したクルーズ船で集団感染が発生したとのニュースを見ていた。中国・武漢で初めてウイルスが検出されたこともあり、現地では中国から来たのか、日本から来たのかでまったく対応が異なったのを覚えている。各国で水際対策が始まり、そもそも日本に帰国できるのか……という不安すら抱くような状況だった。

結局、遠征から戻って来るやいなや、東京五輪・パラ五輪の1年延期が発表された。心地良い練習をやめて、何を目指しているのか明確にわかる、これをやれたから強くなると直結するような取り組みに変えよう。そう思った矢先のことだった。予定していたレースは次々と中止になり、地元でただただ練習を積むだけの日々を送ることになったのだ。

私たちにとっては、普段の練習の「答え合わせ」がレースであり、レースで出た「回答」を持って、次にどうしていくべきかを考えることができる。レースとは、練習の方向性が正しいかを確認する「指標」でもあるのだが、コロナ禍ではそれを失ってしまった。だが、そんな時にレースに代わる指標となってくれたのが、地元に戻ってきていた高校生や大学生の男子選手たちだった。

東京や兵庫を対象に緊急事態宣言が発出され、それぞれの学校で練習ができなくなった子たちが、地元で唯一開放されていた小野市の陸上競技場に集まっていたのだ。そこには、西脇工業や須磨学園の男子選手もいて、彼らと一緒にポイント練習などを行うことで、自分の力を把握することができたのだと思っている。

いつ部活動が再開されるのか、いつレースを走れるようになるのか。きっとそれぞれが似たような悩み、鬱屈を抱えながら、あのトラックに集まっていたはずだ。世代の近い選手たちと、同じ苦境を乗り越えられたという経験が、彼女の精神的な安定につながった面もあり、そこから記録を連発できたのではないだろうか。

再開1戦目となったホクレン・ディスタンスチャレンジ士別大会では、1500メートルで日本歴代2位にあたる4分08秒68をマーク。いきなり、小林祐梨子さんの持つ日本記録、4分07秒86が目前にまで迫ってきた。それまでは、あの日本記録は、祐梨子さんのような特別なスターだからこそ出せたものであって、他の選手が届くようなものではないと思われていたはずだ。だが、次戦の深川大会3000メートルで、8分41秒35をマークし、福士加代子さんの日本記録を18年ぶりに塗り替えたことで、いよいよ1500メートルの記録更新も現実味を帯びてきたのだ。

そして8月、新国立競技場で行われたセイコーゴールデングランプリ。1500メートルに出場した彼女は、4分05秒27をマークし、14年ぶりに日本記録を塗り替えた。希実にとって、同じ小野市出身の小林祐梨子さんの記録は、高校時代からずっと意識してきたものだった。希実が祐梨子さんと出会ったのは中学3年生の頃。祐梨子さんのラストランとなった2015年の郡市区対抗駅伝で、希実が3区、祐梨子さんがアンカーでタスキをつないだのが最初の縁だった。

練習の強度を大きく上げたことで希実との衝突も増えていき、私自身も「本当にこの方向で良いのだろうか」と悩むこともあった。だが、目標だった祐梨子さんの記録に届いたことで、春先から取り組んできたことは間違いではなかったのだと、ようやく「答え」を得ることができたのだ。そして、苦しい時期に一緒に走ってきた高校生や大学生たちの思いも、背負って走ることができたのだと思う。

東京五輪の開催延期に伴い、日本選手権のスケジュールが変更されたことも、私たちにとっては良い方向に転がった。元々は6月下旬の開催予定だったのが10月上旬に延期。しかも例年なら同時に行われる長距離種目が、感染防止の観点から12月に別途開催されることになった。

彼女はすでに5000メートルで参加標準記録を突破していて、12月の日本選手権で優勝すれば、翌年を待たずして内定を決めることができた。本来なら1500メートルと5000メートルを同時並行で準備しなければならないが、それぞれに特化して練習できるのは大きなメリットだった。ただ、開催日程が分かれ、目指すべきものがシンプルになったがゆえに、本人は苦手な練習に臨まなければいけなかったのだ。

それは、一言で言ってしまえば、〝対廣中さん〟のトレーニングだ。名指しするのは申し訳ないのだが、新谷さんは10000メートルに絞ってくるだろうと予想していた。そうなると、5000メートルで意識するのは、廣中さんただ一人となる。

廣中さんの前半から積極的に攻めていくレーススタイルに対抗するなら、1周を72秒で押していく力を付けなければならない。たとえば、4000メートルを12分で走るタイムトライアルを何本も入れるなど、そのペースをひたすら身体に染み込ませていくことに特化して取り組んだ。本人にとってはかなりハードで、一番苦手なメニューだったはずだ。練習自体がレースさながらで、なおかつ、それを一人でやり遂げなければいけないという苦しさも抱えていただろう。

本当に厳しい練習を強いていたとは思うが、12月の日本選手権もほとんどやってきたことに近いものだった。廣中さんが先頭に立ち、1000メートルを3分06秒で通過。2000メートル6分15秒、3000メートル9分18秒、そして4000メートル12分14秒と、徐々にペースが上がっていく。4000メートルまでしっかり食らいつき、ラスト1周の勝負に持ち込むのが、私たちのレースプランだった。

ラスト200メートル、希実が先頭に立ち、そのまま廣中さんを振り切り、15分05

秒65でゴール。同時に、東京五輪代表内定を決めた。おそらく、廣中さんも希実を意識していただろうし、お互いにしんどい練習を乗り越えてきたのだと思う。だからこそ、勝っても負けても悔いのないレースにしたかったし、きっとお互いの存在が「成長材料」になったのではないだろうか。希実にとっては、相手の土俵で勝てたということが、大きな成功体験になったのだろう。

あの一年は、多くの方々の人生を変えた。マラソンや競歩ですでに代表内定を決めていた選手たちの苦しさは、計り知れないものだったと思う。私たちの場合、年齢的にも次の大会を狙えたが、延期を理由に引退を決めた選手も多くいたはずだ。

私たち自身もコロナ禍に苦しめられたが、今振り返ると、あの苦しみはムダではなかったと思っている。もし春先のまま五輪を迎えていたら、ぼろくそに打ちのめされ、日本代表を勝ち取っただけ、出場しただけの大会になっていた気がする。一度立ち止まり、冷静に色んなことを考えて、地力をつくる一年になった。

あの一年がなければ、次の一年もなかっただろうし、現在地もまた変わっていたのではないだろうか。

常識を覆すコーチング

第4章

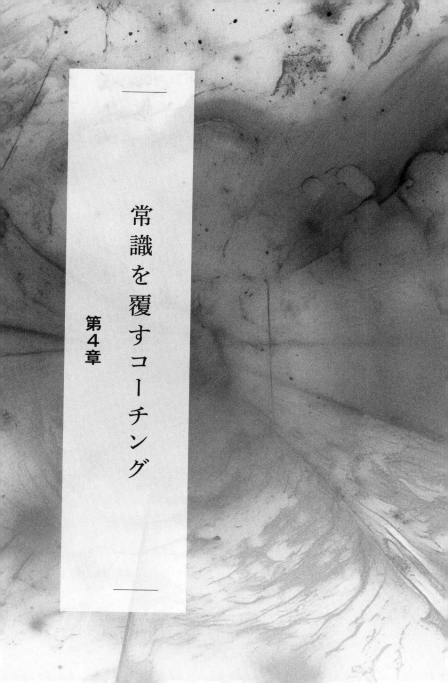

それぞれの種目を突き詰める理由

よく、五輪や世界選手権に出場する選手は、「メダルを目指したい」「世界と勝負したい」と意気込みを語るが、「メダルを獲るためにどうするのか」「世界で戦うために何が必要なのか」という部分のへの具体的なアプローチがあって、初めて「目標」と言えるのではないかと思っている。

中長距離種目なら、当たり前だがラスト1周、ラスト200メートル、ラストスパートをかける最後の最後まで先頭集団に食らいつき、その勝負所にいなければ、入賞やメダルという目標には届かない。だから、私たちはどの種目においても、ラスト1周まで第一集団に残り、最後までしっかり勝負に絡めるかどうかを一番大事にしている。世界の舞台で戦う以上は、やはり最後まで勝負の場に残り、どのような存在感を示すのかが問われる。例えその結果、順位もタイムも取れなくても、まずは「日本人が最後まで戦っている！」というインパクトを残せるような選手に育てたいと思ってきた。

ドーハの世界選手権。希実は予選、決勝ともに自己ベストを更新したが、15人中14位に終わり、まったくラスト勝負に絡めず、振り落とされてしまった。段々とギアが上がっていく世界のスピードにどう対応していくのか。そこで考えたのが、3000メートルであり、1500メートルであり、800メートルへの出場だった。

3000メートルではペースを組み立てる力を養い、5000メートルの最初や後半の上がりのイメージを高める。1500メートルはスピード持久力の向上、そして800メートルは絶対的なスピードを上げること。すべてはメインの5000メートルで強くなるためのアプローチなのだ。

今や、世界の5000メートルのラスト一周は、60秒を切るのが当たり前になっていて、私たちが互角に戦える力をつけるには、日本国内で800メートルの選手と渡り合う必要がある。例えば、800メートルを2分01～02秒でコンスタントに走れるようになり、2分を切れるようなところまでいけたら、そのスピードを1500メートルのラスト2周に置き換えて、2分03秒（一周あたり61・5秒ペース）も視野に入るだろう。その延長で、5000メートルのラスト2周を2分05秒で走ることができれば、限りなく世界に近づけるはずだ。つまり、800メートルで表現できることが高くなればなるほど、世界の選手と渡り合う力がついていくのだ。

本人は「ラストのスピードが足りない」と思っているが、ラスト1周の勝負に絡めるスプリントが無くとも、ラスト2周から大逃げできる力があれば、ゴール間際に僅差で詰められるかどうかの勝負には持ち込めるはずだ。世界の選手の「ひと踏ん張り」に届かない部分を埋めていくには、ラストのスプリントも磨きつつ、やはり800メートルのスピードも高めていかなければいけないと思っている。

こうした取り組みの中で、私たちが一つ上の「指標」として意識してきたのが、ドーハ世界選手権銅メダリストのK・クロスターハルフェン選手だ。〝ココ〟の愛称で知られる彼女は、800メートルから10000メートルまで複数種目にチャレンジし、数々のドイツ記録を打ち立てている。そして、ドーハの女子5000メートルで14分28秒43をマークし、この種目でドイツ代表初のメダルを手にした。同じようなアプローチで、いかに彼女の背中に近づけるかは、私たちの密かなテーマでもある。

一つの種目に絞って集中的に取り組んだほうが良いという意見も根強いと思うが、

私としては、すべての種目が結びつき合うことで、一つの種目が整うこともあると思うのだ。過程では複数のことにチャレンジして感覚やスピードを磨き、一つひとつの練習やレースをやり遂げることが、世界選手権のような大一番のレースにつながっていく。周りからすれば、闇雲に異なる種目に挑んでいるように見えるかもしれないが、それぞれの距離を極めていった先に、世界の5000メートルでラスト勝負に残るという「目標」が見えてくる。

こうした考えのもと、希実は主に800メートルから5000メートル、クロスカントリーまで多種目に取り組み、年間を通して数多くのレースをこなしている。マラソンでいえば川内優輝選手のスタイルに近いのだろう。

先ほど触れたように、私たちはレースに出続けることによって、練習の成果や方向性を確かめている。クラブチームでは後藤と一緒に練習させていると思われがちだったが、実際はそれぞれ違うポイント練習をしていて、片方が走っている時は、もう片方がジョグでつないでいる…というように、一人ずつ練習させていた。一人で練習している分、レースでは「テーマ」を決めて、有効にトレーニングにつなげていかなければならない。例えば1500メートルではラスト500メートルを何秒で上がれるかを意識させたり、3000メートルでは1500メートル＋1500メートルのイメージでタイムを設定したり、試合ごとに色々な表現＝レース展開を試して、次のトレーニングを考える「材料」にしてきた。

周りからは「たくさんレースに出ているのにいつも高いレベルで安定している」と評価してもらえることもあるが、私としては何ら特別なことをしている意識はない。単純に、その代わりに普段はしっかり休ませて、メリハリをつけているだけだ。

彼女の場合、オンオフの切り替えがはっきりしていて、私が決めたメニュー以外のことはほとんどやらないし、休みの日は完全に身体をリセットしている。一方、もしチームで動いていたとしたら、「他の子が練習しているから自分もやらなきゃ」という強迫観念が生まれて、いわゆる〝コソ練〟をしてしまうかもしれない。

もちろん自主的にトレーニングを行うのは悪いことではないのだが、毎日がそんな状況だったら身も心も持たないと思うし、大事なポイント練習もぼやけてしまうのではないだろうか。よく「練習ではできていたのにレースで上手く走れない」という悩みを耳にするが、せっかく記録会に出たのに、普段の練習と変わらない、もしくは下回るようなタイムしか出せないのはもったいないことだ。

その点、私が意識しているのは、調子の「山」を上手くレースに合わせること。例えば一週間のうちに、一日に10キロも走らない日や、完全休養の日を織り交ぜることで、負荷の高いポイント練習の日にグッと集中できるようにしている。ポイント練習自体は、レースでこのタイムを出したい、というところから逆算して、レースペースに近い負荷を設定している。一見、連戦・転戦で休む間もなく動いているように見えるが、こうして普段のトレーニングで上手く調子の波を作ることで、狙った試合でタイムを出せるようになってきたのだろう。

海外の選手、特にダイヤモンドリーグに出場するような選手は、ハードな連戦・転戦をこなしていて、レースが夜遅くに終わるのにホテルにもう一泊せず、荷物だけ受け取り、真夜中に次のレース会場まで移動する選手もいる。国をまたいでの転戦も珍しいことではない。海外で戦うには、そうしたタフなスケジュールは「当たり前」で、やはり世界水準で動いていかなければならないと思うのだ。そのためには常にレースに出られる身体を保ち、本命の大会を意識しながら、連戦の中で仕上げていく力を磨いていく必要があると思っている。

4分の壁

4分04秒20――東京五輪・女子1500メートルの参加標準記録だ。この記録が発表された時、私は正直なところ、「厳しいラインに設定されたな」と複雑な気持ちを抱いていた。

そもそも、従来の小林祐梨子さんの日本記録4分07秒86ですら、希実が2020年に更新するまで、「夢の記録」として14年間も止まったままだったのだ。さらに記録を縮めたいとは思いつつも、そこから先は簡単に手の届く領域ではないと思っていた。ましてや4分の壁を超えるなんて……よほどのレースに巡り合わない限りは難しい。

当時の私は、「おそらく4分一ケタ台で足止めを食らうだろう」と予想していて、その目標は、2024年のパリ五輪で狙いたいと考えていた。常に4分切りは念頭に置きつつも、そのくらい長期的なスパンで考えないと、突破することは難しい記録だと思っていたのだ。

幸いなことに、東京五輪のシーズンは先に5000メートルで代表内定を決めていた分、春先から1500メートルを転戦して、参加標準記録をクリアする試みを重ねることはできた。しかし、コロナ禍の前年と比べてレースが続いたこともあり、レースと練習の境目が曖昧になり、オンオフの切り替えを上手くつけられていなかった面もあったのだろう。

結局、日本選手権は優勝こそしたが、タイムは4分08秒39にとどまり、有効期間内に参加標準記録を突破することはできなかった。

春先から連戦でポイントを貯めていたことで、ワールドランキングのターゲットナンバー内に入り、卜部さんと共にこの種目で日本人女子初の代表内定を決めることはできた。もちろん代表に選ばれたこと自体はうれしかったのだが、標準記録の突破を狙っていた私たちにとっては、ランキングで拾われて、どこか「滑り込み」で内定したような、すっきりとしない気持ちもあった。

どうしても、五輪の前に記録を突破して、胸を張ってスタートラインに立ちたい。そんな思いで臨んだ7月のホクレン・ディスタンスチャレンジ。初戦の網走大会3000メートルで8分40秒84をマークし、昨年の日本新を0秒51更新。続く北見大会の5000メートルでは、残り2周で失速し、15分17秒93。そして3日後の千歳大会15000メートル。記録を狙うため、ペースメーカー（ＰＭ）の設定は日本新ペースの一周65秒に変更してもらった。400メートルを65秒で通過し、700メートルでＰＭが離れた後もその設定ペースを維持。終盤も失速せず、4分04秒08をマーク。前年の日本記録を塗り替え、東京五輪と翌年のオレゴン世界選手権の参加標準記録を突破できた。

例年と異なり、春先からレースを重ねるという方針に対して、彼女はやや疑問を抱いていた面もあったと思う。ただ、連戦を戦い抜いたことで、基礎的な土台が上がったことは間違いなかった。期日こそ守れなかったが、本番前にこの記録を出せたことで、ようやく「仲間入り」――、もしかすると決勝にまで手が届くかもしれないと思っていた。

東京五輪の陸上競技開幕初日、希実は〝本命〟だった5000メートルで、14分59秒93の自己ベストを出しながらも、組6着で、決勝進出ラインにわずか0秒38及ばなかった。だが、2種目出場を決めていたのが幸いだった。仮に5000メートルだけだったら、この悔しさを晴らすことのできないまま、トラックを去らなければならない。戻ってきた彼女に、私はこう声をかけた。

「1500メートルが残っているんだから、そこでもう一回チャレンジしようよ」

彼女もまた、予選敗退に打ちひしがれるのではなく、「出し切った」と前向きな気持ちだったのも追い風だった。ドーハで決勝に残れたのはたまたま運が良かっただけで、東京では決勝に進めなかったけれど、2年前より力がついたのは確認できた。決勝に残れなかった悔しさより、コロナ禍を経た2年ぶりの世界大会で、真っ向勝負で手ごたえを得られたことのほうが大きかったのだろう。

しかし、彼女は1500メートルで世界と勝負するところまでは考えていなかったようだ。1500メートルは、あくまで5000メートルで勝負するために改めて力を入れたもの。4分02～03秒が出せれば決勝には進めずとも、準決勝には残れるだろう、くらいの感覚だったと思う。確かに、日本人女子初の出場で、準決勝まで進めたなら、それでも世間的には十分な戦績かもしれない。

一方の私は、5000メートルで落ちたのは、1500メートルで思いもしない結果につなげるための「伏線」だったのではないか——と別の視点で捉えていた。本命の種目で予選落ちした以上、この舞台で残すべきものを考えたら、日本人女子未踏の1500メートル決勝に進むこと。そのためには4分の壁を壊すしかない。

「パリではなくて、東京で出そう」

そう彼女の背中を押した。予選前日には、500メートル×2本を100メートルジョグでつなぎ、入りの500メートル、ラストの500メートルのイメージを作らせた。その練習の動きが良く、自己ベストは出るだろうと踏んでいた。

予選は3組。各組上位6人に加えて、記録により6人が準決勝に進出できる。最終3組、5000メートルとは対照的に、スタート直後からトップに立ち、800メートル過ぎから2、3番手に位置し、残り200メートルからスパート。最後は2人に抜かれたが4着に入り、着順突破。3週間前に出した日本記録を2秒近く上回る、4

分02秒33をマークし、全体4位のタイムで日本人初の準決勝を決めた。

予選の走りを見るに、前日のポイント練習の動きが上手くはまったのだと思った。準決勝は、予選の走りを再現するとともに、ラスト300メートルがもっと動けば、さらに記録が狙えるはず。準決勝前日は、300メートル×4本を100メートルジョグでつなぎ、ラストのスピードの感覚を身体に馴染ませた。これは、いよいよ出せるのではないか——。その動きを見て、私はひそかに確信していた。

準決勝1組、スタート直後から、希実はレースを自分のペースに持ち込めた。1レーンにできた「隙間」から一気に加速し、100メートル付近で先頭に立ち、最初の400メートルを62秒8で通過。普通ならオーバーペースになるところだが、「他の選手を休ませないほうが決勝に残れる可能性が高まる」と判断したようだ。

800メートル過ぎから、ケニア・エチオピア勢が前に出て、4~5番手に後退したが、ラスト400メートルのスパート勝負で後続との差を広げ、5位を死守してフィニッシュ。各組上位5人の着順に何とか滑り込み、日本人初の決勝進出を決めた。

タイムは、3分59秒19。日本人女子にとって夢のまた夢だった領域に、パリ五輪を待たずして踏み入れた。今振り返ると、予選・準決勝のレースともに海外勢に臆することなく、ある意味「怖いもの知らず」で自分のペースに持ち込めたのが、この記録につながったのだと思っている。自国開催のオリンピックという追い風に加えて、アジア人でまったくノーマークの選手だったことから、周りも警戒することなく、簡単に前に出させてもらえたのだろう。この種目への出場、準決勝、決勝進出、4分切り……何をとっても「日本人初」という冠が付くからこそ、自信に満ち溢れていて、型にはまることなく、果敢に攻めることができたのだろう。

決勝は、文字通り、ワクワクする展開のレースだった。フェイス・キピエゴン（ケニア）やハッサンら世界のトップランナーがそろう舞台。「行けるところまでついていって、自分らしいレースができたらいいね」と、希実を送り出した。先頭の400メートル通過は62秒9。とんでもないペースで入ったな、と内心冷や冷やしながらも、「どこまでついていけるのだろうか」という〝一観客〟としての楽しさもあった。ラスト1周を6番手で通過。残り200メートルで、2人にかわされたが、3分59秒95をマークして、日本勢初の8位入賞を遂げた。

世界との差は「限界」ではなく、次の年に向けた「伸びしろ」

振り返れば、決勝のレース展開自体は、ドーハの5000メートルとほぼ変わらないもので、ラスト1周のトップ争いに絡むことはできなかった。しかし、私はそこに限界を感じるのではなく、むしろこれから追求すべき課題点、修正点という「伸びしろ」を見出してきた。

ドーハでは、ラスト勝負にまったく絡めなかったことを踏まえ、「その差をどう埋めるか」と考えた時に、もう一度1500メートルにしっかり取り組むことにした。その結果、東京五輪では5000メートルより先に、1500メートルで結果が出たのだろう。そして東京五輪では、ラスト1周までは5、6番手で走っていた中で、ラストの200メートルで順位を2つ落としてしまった。その差を埋めるために、翌年は800メートルを重視するというように、「どの部分が足りないのか」という伸びしろを見出し、次の世界大会に向けて強化してきた。

とはいえ、この3年間、1500メートルはなかなか結果を残せずにいる。一方、東京で一緒に走ったオーストラリアのリンデン・ホールやジェシカ・ハルは、3分56、57秒台をマークし、もう一つ上の次元に入っている。もう一度五輪の舞台で彼女らと戦うには、この記録は具体的に狙っていかなければならない。

2023年、宮崎で行われた日本陸連の長距離強化合宿で、ある晩に監督やコーチ陣とお酒を交わす機会があった。話の流れで、ある指導者から「田中さんはどこまで（タイムを）狙っているの？」と聞かれ、私は迷わず「（3分）55秒は目指したいですね」と答えたのを覚えている。どこまで本気として捉えてもらえたのかは分からないが、さらに高いところを見据えなければ、56秒、57秒台も見えてこない。1秒、2秒更新するだけのところに目標を置いていても、結局は4分を切るか切らないかのラインをさまようことになるだろう。

2019年頃から、ずっと5000メートルで14分30秒切りを目標に置いてきたのも同じ理由だ。15分を切ることや、14分50秒台に入ることにターゲットを置くのではなく、そこを超えるというアクションを起こさなければ、決勝に残ってどうこうしたいとは言えない。そのためにはまず、東京五輪で14分50秒を切り、翌年には40秒台を切っておきたかったのが本音だ。そのプランが1年ほど遅れたのは、彼女が五輪後に心身ともに〝もがきすぎてしまった〟こと、そして本人も「井の中の蛙」だったと言った通り、国内を意識しすぎた面も影響していたと思う。

そして2023年、希実は7月のフィンランドのレースで14分53秒60をマーク。8月のブダペスト世界選手権で14分37秒98を出した後、DLブリュッセルで、ようやく14分29秒18をマークし、14分30秒台を突破することができた。常識的ではないと思われようとも、ずっとそのタイムを意識した練習を続けてきたからこそ、心と身体が整ったタイミングで、「ポン」とその記録が出せたのだろう。

ただ、私たちはこの記録にホッとしているわけでもなく、すでに次のステージを見据えている。初出場だった9月のユージン・DLファイナルでは、5000メートルでグダフ・ツェガエ（エチオピア）が14分00秒21の驚異的な世界記録を叩き出したからだ。ようやく14分30秒の壁を突破するのとほぼ同時に、世界のトップはまた別の次元に突入しようとしている。世界との差はいたちごっこだが、だからといって、私たちはそこに絶望しているわけではない。

DLファイナル前日、希実は38℃を超える熱を出した。妻は「出るのをやめてほしい」と棄権するよう促したが、本人は「どうしても出たい」という意思が強く、スタートラインに立つことを決めた。本来、選手のことを考えたら止めなければいけなかったのだが、どこかで私も期待していた部分もあったのだろう。本人がそこまで「出たい」という覚悟を持っているのなら、それに匹敵するほどの自信があるのだろうと思ったのだ。

DLは年間を通じて行われるリーグ戦で、ポイントを獲得した上位選手のみがファイナルに出場できる。オリンピックや世界選手権のような1か国3人という縛りもなく、その年に結果を残してきた実力者だけで、「世界一」を決める舞台だ。急きょ決まった5000メートルでの参戦だったが、出たくて出られるものではなく、この機会を逃したら、来年またオファーが来るのかも分からない。本人とは「巡ってきたチャンスを大事にしよう」とだけ話していた。

レースは先頭が入りの1000メートルを2分50秒前後で通過。希実は4周目まで先頭集団の最後尾についていたが、「これ以上ついていくと後半が走れなくなるかもしれない」と、あえて離れる選択をしたという。タイムは14分42秒38で6位。トップのラスト勝負には加われなかったが、世界最高峰のレースを走れたこと自体が貴重な経験で、発熱している中でも4周目まではは同じラップを刻めたことは十分な収穫だった。この周回を、万全な状態でもう1周、2周、3周……と増やしていけたら、世界記録までは行けなくとも、また違う世界を見ることができるのではないか。世界との差に絶望するより、むしろ希望を持てたレースだった。

私たちの次の目標は、14分20秒を切ること。まずはそこを目指したい。最終的に世界のトップにたどり着けるかは別として、限界の領域を決めずに、挑み続けることが何よりも大切だと思っている。

オレゴンの3種目挑戦は、「ムダ」ではなかった

希実は2020年の日本選手権から、800メートル、1500メートル、5000メートルの3種目出場を重ねてきた。日本選手権での3種目挑戦は、世界選手権や

五輪で予選、準決勝、決勝（5000メートルは予選、決勝）を最後まで生き残ることを考えたら、当たり前のようにこなせないと太刀打ちできるわけがない。その認識は、私と希実で一致していて、それができてこそ戦えると思っている。

過去3回の3種目挑戦を振り返ると、オレゴン世界選手権の代表入りがかかっていた2022年の日本選手権は、過去2大会とは異なるプレッシャーがあっただろう。なぜなら、2020年はコロナの感染防止対策で、長距離種目の一部が12月に分散開催となった。そのため、10月の本大会で800メートル（4位／2分04秒76）、1500メートル（1位／4分10秒21）を終えた後、約2カ月の準備期間を経て5000メートル（1位／15分05秒65）に挑むことができた。

また、2021年はすでに5000メートルで東京五輪の代表切符を獲得した上での3種目出場。2日目に1500メートル決勝（1位／4分08秒39）を終え、3日目に800メートル予選、最終日は800メートル決勝（3位／2分04秒47）の35分後に5000メートル決勝が控えていたが、すでに代表切符を得ているのもあり、勝負は廣中さんと新谷さんに委ねて、その内容は「消化レース」（3位／15分18秒25）に近いものだった。

しかし、東京五輪での5000メートルでの予選落ちという結果を受けて、やはり日本選手権のレベルでどの種目でも勝ち切る力、スタミナ、調整能力がなければ、世界のトラックでは通用しないのだと痛感させられた。そこで2022年の日本選手権は、3種目とも勝ち切ること――すなわち「三冠」を目標に、もう一回チャレンジすることに決めた。

実際、前年の秋にオレゴン世界選手権のタイムスケジュールが発表された時、それぞれの種目のラウンドが同じ日に重なることがないと分かり、すべてのピースが上手くはまっていると思ったのだ。代表に選ばれるかどうかは別として、3種目とも本気で狙いにいこうと思い、3月の世界室内選手権を皮切りに、4月上旬から5月中旬までの約1か月半で12レースに出場。400メートルから10000メートルまで幅広く実戦を重ねたのは、スピードの感覚やスタミナを養うためだった。すべては未知の領域である3種目で戦うための「準備」であり、いろいろなことを吸収して、表現できることが大切だと思っていた。

そうして迎えた２０２２年の日本選手権だったが、東京五輪の代表切符を持っていた前回大会とは違って、世界選手権の代表権を持たないまま臨むことに、希実は大きな不安を感じていた。１５００メートルと５０００メートルはすでに参加標準記録を突破していたため、３位以内に入れば代表内定が決まるものの、本人はそこまで自信を持っていたわけではなかったのだ。

東京五輪の結果で注目される立場になったがゆえに、国内では勝つこと、日本記録に近い走りをすることが常に評価の対象となる。本人は、そこにかなりの息苦しさを感じていた。５月のＤＬユージン大会１５００メートルで最下位に沈んだのもあり、「昨年より弱くなっているのでは」という不安にも苛まれていたようだ。実際、初日の１５００メートル予選は組１着で余裕を持って通過できたものの、本人が自信を取り戻すまでには至らなかった。

ただ、２日目の１５００メートル決勝で、思い描いていたラストスパートができ、4分11秒83で優勝。１種目めの代表内定が決まったことで良い流れが生まれた。最終日、８００メートルは2分04秒51の２位で優勝には及ばなかったものの、その約70分後にスタートした5000メートル決勝を、15分05秒61で勝ち切り、2種目めの内定も決めた。

3種目出場は、心身ともに大きなストレスがかかることだが、それを本人が義務感でやろうとしたら、効果も薄くなり、逆に走りも気持ちも壊れてしまう。大会期間中にも、何度か「やめてもいいんだよ」と声をかけることもあったが、本人には「日本選手権4日間を一つのレースとしたい」という強い意志があった。結果的に、3種目・5レースをすべてやり遂げたことが、彼女にとって代えがたい自信になったはずだ。それは挑戦しなければ、得られないものだった。

日本選手権を終えて、残すは800メートルの代表に選ばれるかどうか。参加標準記録は1分59秒50で、突破するには日本記録を更新しなければならない。現実的に考えて、ターゲットナンバーによる出場権獲得を狙い、春先からグランプリシリーズを転戦していた。木南記念を脚の違和感で欠場したことにより、「ポイントを稼ぐのはかなり難しくなった」と認識していたが、ホクレンの20周年記念大会で1000メートルの特別レースが設けられたことが功を奏した。1000メートルの結果は、80

0メートルのポイントに加算されるため、内々に陸連や主催者側と調整していたのだ。このレースで日本記録（2分37秒33）を出せたことで、ワールドランキングの順位が上がり、ポイントで拾われる公算が大きくなったのだ。

結論としては、一度はターゲットナンバー内に入ったものの、期限直前で他国の選手たちの順位が一気に動き、出場圏内から弾き出されてしまった。しかし、上位に出場辞退者が多数出たことで、繰り上がりで希実まで「出場権」が回ってきたのだった。

思わぬ形で出場のチャンスが巡ってきたが、初め「どうする？」と本人に聞いた時は、かなり悩んでいる様子だった。確かに800メートルは実力的に予選に出場するのが精一杯で、その疲労が本命の他2種目に影響を及ぼすリスクも否めない。確実に「結果」を狙うなら、2種目に絞って出場するのが妥当だろう。

でも、そもそもこんな話が舞い込んでくること自体が運命的で、一生のうちに同じチャンスが回ってくるかは分からない。この機会を逃したら、二度と挑戦できないかもしれないし、それならば今のうちに挑んでみるべきだと、私は思ったのだ。あれこれと悩んでいても、走ってみないと「答え」は出ないし、答えが出た結果、次に向かう原動力になるはずだ。ある意味、オレゴンは目に見える結果以上に、まずは未知の領域を「経験すること」が大きなテーマでもあったと思う。

ただ蓋を開けてみたら、オレゴンは彼女にとって過酷な舞台になったのは否めない。800メートルは2分03秒56で予選敗退。1500メートルは、日本人初の準決勝には進んだものの、4分05秒79の組7着で決勝には進めなかった。そして、5000メートルは、タイムで拾われて決勝に滑り込んだが、スローペースに翻弄されて、何もできないまま離れてしまい、15分19秒35で12位――。

ジュニアの頃からさまざまな世界大会に出場してきたが、U20世界選手権での初優勝、ドーハ世界選手権での2大会ぶりの決勝進出、東京五輪の日本人初の入賞と、彼女なりに何らかの「足跡」を残してきた。しかし、オレゴンでは決勝に進めただけで、何も自分らしさを出せないまま、ただただ悔いだけが残る結果となった。

距離の壁を超えて、ランナーとしての器を大きくする。そのための過程を大切にしたいのに、入賞や日本新といった目に見える結果を残さなければ、過程も丸ごと否定されてしまう。事実、3種目出場を褒めてくれる声もあれば、「そんな無茶をするから」

という否定的な声も少なからず届いていた。すべてが中途半端な結果に終わり、本人に「何も残せなかった」と言わせてしまったことに、コーチとして導けなかった申し訳なさも感じていた。

一方で、私は「何も残せなかった」とは思っていない。どの種目でも通用しなかったという「答え」は、「これから何を変えなければならないのか」という工夫につながるわけで、だからこそ「ケニア」という発想に行き着いた。もし、3種目のうち、どれか1種目でも何らかの結果を残せていたら、現状を疑うこともなく、そのまま実業団での取り組み、秋からの駅伝という流れに染まっていただろう。

以前からケニアでのトレーニングに憧れていたものの、やはり前例が少ないことから周囲の反応も思わしくなく、「それならばアルバカーキやボルダーに行ったらどうか」と言われることも多かった。半分あきらめかけていたのだが、オレゴンであの結果に終わったからこそ、改めて「ケニアに連れて行ってあげたい」という思いが再燃したのだ。やはり、不必要な過程などなく、後から振り返れば、すべてに意味があるのだと思っている。

ケニア——現地で体感した「強さ」の理由

２０２２年10月下旬、希実と私は、ケニア・ナイロビを経て、エルドレット郊外を走る車中にいた。車窓から見える街並みは、どこか「古き良き日本」を彷彿とさせる。人々の生活している様子が、何とも牧歌的なのだ。きっとここで暮らす人々は、時代が進もうともこの生活を続けていくのだろう。戦前の日本はこんな感じだったのだろうか……という不思議なノスタルジーを感じながら、私たちはマラソンのメッカ・標高２４００メートルのイテンへと向かっていた。

希実がケニアに興味を持ったのは、高校生の頃。私が渡したある一冊の本がきっかけだった。

『ケニア！ 彼らはなぜ速いのか』（忠鉢信一・文芸春秋）。１９６４年の東京からアテネまでの夏季オリンピックで54個のメダルを獲得したその強さについて、スポーツ科学や現地の文化などさまざまな角度から迫ったルポルタージュだ。作中で描かれていた、彼らの「走ることを中心とした生活」が彼女の心の中に根付いていて、いつかケニアを訪ねてみたいという思いを温めていたようだ。

私自身もまた、現地に行くことによってケニア人ランナーへの固定概念を打ち払い、彼女の「見えない障壁」を一つずつ壊してあげたいとの思いがあった。作中では「ケニア人だからといって特別ではない」とも書かれていて、単に身体的に恵まれているわけでなく、彼らも泥臭いトレーニングを日々重ねていることがうかがえた。アフリカ系の選手は強い、という固定概念に縛られるのではなく、実際に「なぜ強いのか」に触れることが大切だと思ったのだ。速いから敵わない、ではなく、アフリカ勢に対してどうすれば近づけるのか。「これだけのことをすれば強くなれる」というヒントだけでも、現地に行けば得られると思っていた。

オレゴン世界選手権を終えた後、本来なら10月下旬のプリンセス駅伝に向けて準備するはずだったが、チームの理解もあり、有難いことに「お試し」で初めてケニアに渡ることが叶った。初回はケニア人がコーチを務める大集団のキャンプに参加したが、2023年7月の2回目からは欧州のコーチが率いる少数精鋭のキャンプをベースにしている。

ケニアのトレーニングは、確かに特別なものではなく、ジョグを中心にベースを上げていくという至ってシンプルなものだ。しかし、その環境や練習スタイルに、彼らの「強さの理由」が秘められていると感じている。

まずケニアの練習サイクルは、日中にポイント練習を行う日本とは異なり、いわゆる「朝練習」の時間帯に最も強度の高い練習を行う。キャンプでは朝6時半に集合し、7時から16〜20キロのジョグを開始。ウォーミングアップや体操もなく始まり、最初の2キロは5〜6分のゆったりとしたペースで入るが、そこから急に1キロ4分30秒のペースになり、段々とビルドアップ的にペースが上がっていく。

希実は「ケニア流」で同じように起きてすぐ走りに行くようにしているが、たまに実業団の選手がケニアに来ると、この練習スタイルに戸惑い、早朝からウォーミングアップすることも多いという。しかし、起きたままのエネルギーが枯渇している状態で、ゼロから最大限までパフォーマンスを上げる動きが普段からできているからこそ、彼らはどんな状況下でもレースで外すことが少ないのかもしれない。

そのジョグのペースも「very easy」と呼ばれる一番楽なものでも、1キロ4分15秒前後、「easy jog」で3分50秒前後、ラストは3分30秒くらいまで上がる。富士山の五合目にあたる標高2400メートルの地で行うのだから、酸素濃度は平地の8割ほどしかなく、心肺機能にかなりの負荷がかかっているはずだ。

しかも、イテンの道は舗装されておらず、砂利や岩で荒れていて、日本でいう「トレイルラン」のようなコース。赤土の道には深い溝があれば、土が積まれた「山」もあり、大きな石がそこら中に転がっている。私はマウンテンバイクで後ろをついていったが、ペダルが空回りして、前に進めなくなってしまうほどの不整地だった。そこを走る選手たちは、少しでもバランスを崩したらケガにつながるため、全身の感覚を研ぎ澄ませ、あらゆる場面に身体が反応しなければならない。

日本では走りを補完するためのウエイトや体幹トレーニングが必要になるが、イテンでは背中や腹筋など体幹周りをしっかり使わなければ、そもそも不安定な路面をあのスピードで走ることはできない。つまり、ただただ走っているだけで、十分に体幹や筋力が鍛えられるというわけだ。

日本の大学や実業団では、ロードやトラックで同じ方向に隊列を組み、一定のペースで走り続けるのがセオリーだろう。確かにペースが上手くはまった時には強いのだが、些細なアクションでリズムが崩れてしまい、走りがバラバラになって修正できなくなるのが「弱さ」の一つだと感じている。

陸上競技、とりわけ長距離は前に進んでいく動きばかりになりがちだが、イテンではそれに加えて、穴ぼこだらけの不整地を走ることで「横」の動きが生まれる。欧米の選手がよく取り入れるクロスカントリーにも同じことが言えるが、横の動きでは、身体を支える筋肉が鍛えられるため、多少のことには負けない走りが生まれるのではないだろうか。レース中の色々な局面での強さは、そうした環境で培われているのだろう。

「郷に入っては郷に従え」が私たちの流儀

ケニアは日本とは異なり、トラック競技をメインにする選手は少なく、マラソンやロードで自国代表、世界を目指す選手がほとんどだ。ベースにしているキャンプも、マラソン選手やロードランナーが中心で、ジョグ以外は400メートル×20本というようなスタミナ系の練習が多い。初回は半々、2回目は7：3程度で向こうの練習を間引きながら、トラック仕様のメニューになるようアレンジした。そして、2024年1月の3回目の合宿では、彼女らと同じメニューを9割程度はこなすことができた。すべてのメニューをこなすとロードに向けたような練習になるが、基本的に練習メニューはキャンプのコーチに一任して、あえて現地の練習スタイル・リズムに合わせるようにしている。

また、ケニア合宿や海外遠征には日本食を持ち込まず、その土地の食べ物、そこで出されたものを食べると決めている。海外遠征時はアジアンスーパーにも行かないし、日本チームから配給があっても、結局は日本に持ち帰ることになるので基本的には受け取らない。彼女自身、食事も含めてその国の文化に触れることが好きで、ケニアでも抵抗なく現地の食べ物を楽しんでいるようだった。

その土地にあるものを食べ、置かれた環境で心身を合わせていく――この「合わせていく」という感覚が、世界と戦う上で必要な能力になると思うのだ。

海外のレースでは、スタート時間が急に変更されたり、ウォーミングアップエリアが無かったりと、色々なトラブルがある中でレースに向けて整えないといけない場面が多々ある。私たちもこれまで、会場周りに河川敷や堤防しかなく、短い遊歩道をひたすら往復せざるを得ないこともあった。中には、スケジュール通りに動けないと戸惑い、ウォーミングアップエリアが決まっていないと文句を言う選手もいるが、他の選手も皆同じ条件なのだから、置かれた環境に言い訳するのではなく、その「平等」を受け入れなければならない。日本人は計画通りに物事を進めるのが得意な一方、変化に弱いともいわれているが、海外のレースではその時々の状況を理解して、「じゃあ今できることは何か」と、逆算の発想ができる柔軟さが求められるのだ。

希実も日本にいる間は、彼女なりのルールなのか、変なこだわりが生まれてしまい、「自分の思い通りに動いてほしい」と周りを自分に合わせようとする面がある。私たち両親に対する甘えも含めて、それが一種の「弱さ」につながっているのかもしれない。ただ、2023年は例年以上に海外遠征が多く、その都度質の高いレースに参加する中で、本人も「今のままではいけない」と学んでいるのだろう。DLに出場するようなトップ選手たちは皆おおらかで、多少のトラブルには動じず、行き当たりばったりで動いている。そうした海外の選手たちを見て、環境に合わせる「たくましさ」が必要なのだと気づき始めているはずだ。

同じ年の夏のフィンランド遠征では、最初のレースで泊まった選手用のホテルは違う種目の選手との相部屋、最後のレースでは同じ種目ながら三人部屋だったという。どちらも部屋にはベッドが一つしかなく、見ず知らずの選手たちと「川の字」に寝て、寝返りも打てないような状態だったと聞いた。でも、そんな状況にいちいち動揺して、やる気をそがれてしまったら、パフォーマンスを発揮できないこともあるだろう。海外転戦でそうした経験値が上がったからか、希実も「最初からこんなもん」だと置かれた環境を受け入れる対応力が、少しずつ育ち始めていると感じている。むしろ、日本にいる時より海外に出たほうが、一選手としてどんどん構えているようにすら映っている。

これは個人的な見解に過ぎないが、日本人選手、特に長距離ランナーは普段からチームで動いているせいか、良くも悪くも自分たちの環境を丸ごと海外に運んでしまう面がある。海外遠征にも栄養士やトレーナーが帯同して、選手村の食事や枕が合わなければ別のホテルに移ってしまう。海外に高地合宿に来たとしても、日本から運んだ食事を取り、普段と変わらない練習をするのなら、国内の同じ標高の場所でやっても変わらないのでは……と思うのだ。

私たちは自由に海外を飛び回っているように見えるかもしれないが、プロ活動の資金はそこまで潤沢ではなく、余計なお金を使うことはできない。一つひとつの海外遠征が「貴重」な経験だ。逆に日本でもできる練習ならわざわざ海外に行かず、地元の小野市の競技場やクロカンコースを上手く活用すれば良いのだ。せっかくケニアやアメリカに行くのなら、そこでしかできないトレーニングや生活を送りたいと思っている。

その土地の環境に合わせて、現地の選手と同じものを食べ、同じ時間の流れに身を置き、同じ練習に混ぜてもらう。それでこそ、選手が吸収できるものがあり、指導者もまた新たな発想が生まれるかもしれない。

私たちはなぜ海外に行くのか

２０２４年1月、私たちは3回目のケニア合宿を終えたが、今回は地力がついていることを実感できる10日間となった。一つの成長を感じたのは、ケニア流のスピード練習である「ファルトレク」での走り。キャンプでは、起伏の激しいコースで60分間、2分のスピード局面と1分のジョグをひたすら繰り返す。スピードの局面では、1キロ3分10秒ペースまで上がり、走りながらふるい落とされていくようなメニューだが、今回初めて最後まで生き残ることができたのだ。

また、今回のキャンプには、10キロロードで世界記録（28分46秒）を作ったアグネス・ゲティチ選手も参加していて、一度だけ一緒にポイント練習をする機会に恵まれた。彼女のメニューは、5キロ＋4キロ＋3キロ＋2キロ＋1キロ。5キロはキロ3分20秒ペースでビルドアップしていき、4キロは3分10秒、3キロは3分07秒、2キロは3分00秒前後、1キロは2分50秒くらいの設定タイムだったはずだ。あの標高でこのペースは驚きしかないが……アグネスはさらりとこなしていた。さすがに全部をこなすのは難しいため、5キロ、3キロ、1キロだけ合流したのだが、最後まで同じペースで走り切り、キャンプのコーチにも「アグネスにはまだ及ばないけれど強いよ！」と褒めてもらえた。アグネスはブダペスト世界選手権の10000メートルで、廣中さんの前の6着でフィニッシュしたが、その後から急成長を遂げたようだ。そのコーチが言うには、アグネスは希実がDLブリュッセルの5000メートルで14分30秒を切ったことに刺激を受けたようで、「自分も頑張ろう」と思ったのだという。

初めてケニアを訪れた際は、やはり日本人の女子選手が物珍しいからか、どこか「よそ者」という空気感もあったが、今ではスタッフや選手たちもチームメイトのように接してくれる。アグネスの話も、現地に行かなければ知れなかったことで、海外のトップ選手からも意識されているのはうれしいことだ。希実とも「この人たちとずっと競い合うために努力しなければいけないね」と話しているが、彼女たちと同じステージで戦い続けたいという思いが、大きな原動力になっている。

この3回目のケニア合宿では、前よりも「できなかった」ことを「できる」と思えるようになっていて、逆にできなかったことを一つずつ潰していけば、ケニア・アフリカ勢の背中に近づけるという確かな手ごたえも得られた。キャンプのメンバーは、希実のようにトラックを専門とする選手ではなく、2時間20分を切るようなマラソンランナーがほとんどだ。彼女たちと対等に練習をこなせるようになったら……トラックのその先までイメージを膨らませることができるだろう。

ケニアを訪れるのはまだ数えるほどだが、私たちの中ではすでに「戻ってきた」という、第二の故郷のような感覚も芽生えているのだ。インフラは整備されていないし、生活面では不安な部分もあった。でも、純粋に走ることで自分の人生を切り拓いていく、そんなケニア人のプロフェッショナルな姿勢は、私たちの目指すべきものに通じている。希実も、私も、精神的な部分で大きく解放されて、日本にはない居心地の良さを感じているのだ。

希実は日本にいると、良くも悪くも求められることに応えないといけないと気負ってしまう面がある。合宿に行っても常に周りの視線が気になり、強度が高い練習中も苦しい表情を見せようとしない。彼女自身が克服しなければならないのだが、メディアに出ている「田中希実」であらねばならない、という義務感を抱いてしまうのだろう。修行僧のようにひたすら自分と向き合い、一人で黙々と走り続ける。それゆえの強さもあるのだが、ケニアではそれに加えて強い選手たちと走る中で、「本来（根っこ）の自分」を見つける場面もあったようだ。

ケニアでは、彼女は大勢いるランナーのうちの一人に過ぎず、「田中希実」という鎧を外しても、一人のランナーとしてリスペクトしてくれる心地の良さがある。純粋に脚が速い人たちについていき、先がどうなっているのかも分からない道を、無我夢中で走り続ける。勝ち負けなしに、ただただ駆けっこしていたことを思い出すような、「走ることを楽しむ」というシンプルな初心に立ち戻れる場所なのだ。

日本では練習のたびに毎回課題を残して自問自答し、上手くいっても「できなかったこと」に執着して悩んでいる。これまで彼女には何度も「できなかったこと＝成長できる伸びしろ」なのだから、過去より今、今より未来のことを考えたほうが良い、と口酸っぱく言ってきた。

一方、ケニアでは練習で置いていかれたとしても、それをマイナスに捉えずに、「やりきった」という満足感を得ていて、自発的に明日のことを考えられている。置いていかれても、ついていけても楽しくて、「明日も頑張ろう」と前向きでいること。その気持ちを呼び起こせるのが、ケニアなのだ。

あえて言葉を当てはめるなら、日本は高校から大学、実業団というシステム化された流れがあり、「サラリーマン」「優等生」的なランナーが多いように思う。一方、欧米のランナーにとって走ることは「カルチャー」なのだろう。ランニングコースに行けば自然と色んな人たちが走っていて、ランニングが文化として根付いている心地良さがある。

そしてアフリカは、走ることが「ＬＩＶＥ」――生きることに直結している。ケニア人ランナーの大半にとって、走ることは貧困から抜け出す手段。家族を養うために国内での激しい争いを勝ち抜こうと、命を削って日々走り続けている。彼らは生きるために走っていて、そのタフな環境や凄まじい覚悟には、日本とは違う重みがある。それがケニアの強さの一端であることは間違いない。

希実は日本にいると、「自分は何のために走るのか」という根源的な意味を探そうとしているが、ケニアでは探さなくてもそこにあるのだ。彼女にとって自然体のまま走れるのがケニアであり、海外なのだろう。欧米にもケニアにも、日本とはまた違う「走ること」の答えがあり、自然とそれを学べているのは幸せなことだと思っている。

ただ、どこにいようと根底でつながっているのは、メソッドは違えど、結局は当たり前の泥臭いトレーニングを積み重ねていくしか近道はないということだ。

日本は欧米に比べると科学的なトレーニングが劣っていると言われるが、実際に私たちがアメリカで理論的な練習を目の当たりにしたかといえば、そんなことはない。ニューバランスのボストンチームでは現地の選手と一緒に走っているが、オーソドックスな練習がほとんどだった。もちろん走るためのメカニズムを知識として持ち、時折データを把握することは大切だが、やはり地道で地味なトレーニングをコツコツ反復することに尽きるのだろう。

それはケニアも同じで、彼らは骨格的に恵まれているとはいえ、それを生かすために地道なトレーニングをしている。ケニアも欧米も決して特別ではなく、当たり前のことを地道にやっているからこそ、強いのだ。

アフリカ勢は身体的に恵まれている一方、日本人は「胴長短足だから太刀打ちできない」とあきらめるのではなくて、日本人にも良さがあり、日本人なりのアプローチがあるはずだ。希実もそれを分かっていて、2023年あたりからアフリカ勢特有の骨盤が前傾したフォームやダイナミックな腕振り、欧米選手の筋力を上手く生かしたラストの力強さ、それぞれをミックスして、彼女なりのエッセンスを足した「折衷案」のようなラストスパートの動きを模索してきた。

2024年からはそれに加えて、エチオピア選手のリズミカルな動きを意識したフォームに変えようとしていて、自分の骨格に合ったスピードを載せられるポジションを試行錯誤している段階だ。前半シーズンはそれが上手くはまらず、ラストが伸び悩むレースも目立ったが、彼女の中では確実に少しずつ変化していて、段々と理想のイメージに近づいている。微妙な修正ではあるものの、自分流にアレンジしていく姿勢は大事だと思うのだ。

アフリカや欧米選手との差を、環境や身体能力のせいにして「もう無理」と片付けてしまったら、はなから負けを認めて、自らの可能性を閉じているようなもの。そうではなくて、日本人でも戦えるというヒントは、世界の色んな場所に転がっているはずだ。私たちはそれを見つけるために、海外を飛び回っているのだと思っている。

ケニアや欧米をはじめ、海外に渡るのは選手本人の成長もだが、コーチである私自身がアップデートされていく面も大きい。例えば、2024年2月、ニューバランスボストンの練習に加わる機会があった。その日のメニューは、400メートル×8本だったのだが、女子の設定タイムは64秒とかなり出力が高いことに驚いた。日本であれば400メートルのインターバル走の設定タイムは74秒前後で、10000メートルに向けたペース走的な意味合いでやることが多いと思う。しかし、出力が出せるからこそ、距離が伸びても余裕が生まれるという発想なのだろう。

ちょうど2日後には2マイル(約3218メートル)のレースを控えていて、ペースメーカーの設定は1周68秒、3000メートルの通過は8分30秒になると聞いていた。このポイント練習を1周64~65秒で回り、それだけの余裕と出力が出せたら、その距離に動きを落とし込んでいけばいい。レースを逆算した練習には「なるほど」と思わされたし、日本ではなかなか出会えない考えに新鮮さを感じた。

私の指導者としてのキャリアは5年経ったばかりで、彼女のコーチングはまだまだ手探り状態だ。意固地になって自分たちのスタイルを貫くのではなく、海外で出会った発想を自然に「面白い」と受け入れて、応用・転用していく柔軟性が、指導者自身にも必要な姿勢だと思っている。

第5章 プロ転向での成長

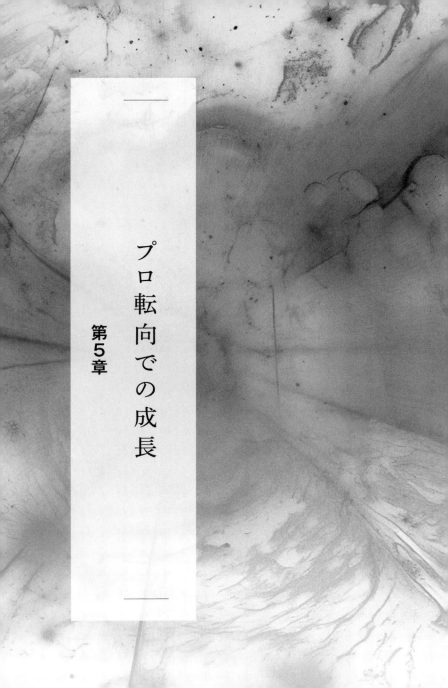

既存の枠組みから抜け出す

〈陸上・田中希実がプロ転向〉

２０２３年3月末、希実はクラブチーム時代からお世話になった豊田自動織機を離れるという選択をした。そして4月3日、以前からグローバル契約アスリートとしてサポートを受けてきたNew Balance（ニューバランス）に新たに所属することを発表した。彼女の決断を隣で見守った立場から、プロ転向の経緯について少しお話しておきたい。

今後の方向性について、彼女と水面下で話し合いを始めたのは、その半年前の２０２２年冬ごろからだった。背景の一つにあったのは、トラックと駅伝のスケジュール面での兼ね合いの難しさだ。

先に話した通り、希実は大学生の間、豊田自動織機の支援を受け、クラブチームで活動してきたが、卒業した２０２２年春からは社員として陸上部に加入した。個人の活動をサポートするクラブチームの体制とは異なり、会社所属の実業団選手となった以上、トラックレースの結果だけでなく、駅伝でのチームへの貢献を求められるのは当たり前のことだ。しかし、女子の場合、10月に予選のプリンセス駅伝、11月に本選のクイーンズ駅伝が控えていて、トラックシーズンから休む間もないことに悩んでいた面もあった。

私たちは例年、春先から国内外のレースを連戦して、夏に行われる五輪や世界選手権にピークを合わせていく。同時に、5月から世界の各都市で開催されるDLを転戦して、9月中旬に行われるファイナルへの進出を目指している。世界大会とDLを並行して狙うことを考えると、ほとんど休む間もないまま駅伝シーズンに突入してしまうのだ。また、年明けにはすぐにインドアレースが始まるため、年間で実質休めるのは、12月だけになってしまう。

一方、海外の選手たちにとって、日本でいう駅伝シーズンはちょうどバカンスなどの充電期間にあたり、来シーズンに向けて心も身体も落ち着かせる時期になる。彼女も間もなく20代後半に差し掛かり、年齢的な面も踏まえて、トラックでどこまで挑戦できるのかを考えなければならない局面に入ってきた。でも、私たちにはまだまだやりたいこと、やり残していることがたくさんあり、パリ五輪、世界選手権東京大会を控えるこの1、2年はとても重要な期間になると思っていた。

一度、海外選手と同じようなスケジュールに合わせて動いてみたら、どんな結果につながるのだろうか——。

私は常日頃から考えていて、海外遠征中に他国の指導者に相談することもあった。もちろん駅伝が悪きものだとは思っておらず、それを目標に頑張る選手のことを否定するつもりはない。しかし、希実にとっては、時期的な面を考えると、海外選手に逆行して心身をすり減らしていくことについて、少し重荷に感じ始めていたのは間違いなかった。

日本の中長距離選手の多くは、五輪や世界選手権など年に一つの「山」に向けて、ピークを合わせていくのがメインスタイルだろう。ただ、希実の場合は、転戦・連戦でその都度「山」を作り、数多くのレースをこなしながら、世界選手権や五輪という「大山」に合わせていくというスタイルを取っている。海外選手と同じように、ダイヤモンドリーグなどに挑戦しながら、世界大会に向かうことを考えると、とてもじゃないが駅伝シーズンまで身も心も持たないと思うのだ。

例えば、これが男子の場合なら、ニューイヤー駅伝の地方予選は11月中旬に開催されるため、トラックシーズンから１か月程度は休養を挟むことができるだろう。もし、希実が男子選手だったら、実業団という枠組みのまま活動を続けることもできたかもしれない。ただ、女子の年間スケジュールを踏まえると、私たちの理想を追うことはかなり難しいものになると感じ始めていた。これまで、中長距離種目でＤＬを転戦までした日本女子選手がいないことからも、その疲労度たるや、計り知れないものであることがうかがえるだろう。

選手として何を求めるのか、何を目指したいのか――。本人に問うと、「オリンピックでも上位を狙いたいけれど、ＤＬにも出場できるのなら積極的に狙いたい」と返ってきた。彼女の目線が完全に「海外」を向いているのなら、思い切りやりたいことを叶えられるように、別の環境を求めていくべきなのでは、と思ったのだ。

ただ当初は、プロ転向というより、豊田自動織機との話し合いを中心に、他チームも含めてどのような方向性を探れるか、彼女にとってベストな道を模索していた。実際、所属先はもちろん他のチームも、私たちの意向に耳を傾けてくださったのだが、細かい点を詰めていく中で、本人の思いと少し異なる部分も出てきてしまった。そんな折に、豊田自動織機から複数の選手が移籍することが決まったのだ。

あれだけの選手が一度に移籍して、さらに希実まで離れてしまったら、チームにも大きな迷惑をかけてしまうのでは……との思いもあった。一方で、チームの体制が大きく変わる中で、私たちは移籍でも、残留でもなく、また違う「中立」な道を歩んでいくべきなのではないか、とも考えていた。ちょうど2月に、アメリカ・ボストンで行われた各国の契約アスリートが集う「チームニューバランスボストン」の練習に参加したことで、海外選手のように所属契約を結んで、プロランナーとして活動していくとの選択肢もあるのだ、と気づくこともできた。

日本の実業団はとても恵まれていて、世界的に見ても素晴らしいスポーツやアスリートを支えるシステムであり、それ自体を否定するつもりはまったくない。ただ、私たちに限って言えば、世界を見据えて、アスリートとして自立していくには、そうした既存の枠組みを抜け出し、新たなスタイルを取っていく必要があった。そうして3

月末、ようやく今後の方向性がまとまり、冒頭のプロ転向を発表するに至ったのだ。

　希実の退社と同時に、西脇工業時代から同じ道を歩んできた後藤はユニクロに移籍して、二人はそれぞれ別の道を進んでいくことになった。後藤への約4年間のコーチングを振り返ると、私もコミュニケーションが得意なほうではなく、対話という面ではお互いに遠慮していた部分もあったのかもしれない。

　例えばだが、彼女が何か私に相談したいことがあっても、希実がかぶせるように私にぶつかってくると、自分が伝えたいことを呑み込んでしまう場面も増えていた。希実には「オマエだけを見ているわけじゃない」と何度も注意してきたが、本人は今伝えたいことをなかなか我慢できず、結局後藤が遠慮して一歩引いてしまう。結果的に希実の存在が、彼女に蓋をしていた可能性も否めない。希実と後藤、それぞれをマンツーマンに近い形で見ていても、片方が娘という難しさもあり、コーチとして至らない面もあったことに申し訳なさも感じている。

　後藤は身体能力面のポテンシャルも高く、まだまだ未開拓な部分が多いにも関わらず、1500メートルで4分10秒、3000メートルでも8分50秒を切っていて、大きな可能性を秘めている選手だと思っている。実際、彼女はミドル気質なところもあり、希実の練習の7割程度しか走らせていなかった。余談ではあるが、後藤の身長や器用さ、3000メートルの走力と1500メートルのスピードを生かせば、3000メートル障害で日本記録、世界大会の決勝を狙えるような選手になれるのでは……とも勝手に想像していた。とにかく今は助言できる立場でもなく、見守ることしかできないが、中学生ぶりに「ライバル」となった二人が、また同じ世界の舞台で戦えることを心から楽しみにしている。

人としての自立を求める

プロ転向するにあたり、希実に期待したのは選手としての自覚、社会人としての自立心が芽生えることだった。

例えば金銭面の管理。強豪の実業団であれば、十分な年間活動費が確保されている上に、前年度に決められた予算が余ってしまうと「不要だった」と判断され、次年度の予算が減額される可能性がある。そのため、年間の活動費をきちんと使い切ることが求められるだろう。一方、プロ契約の場合、使い切らなかった年間契約費は翌年度に繰り越せるため、どこにしっかり投資して、どこを節約すべきなのかを考えて動く必要がある。

周りの方々にはよく驚かれるが、海外遠征であちこちを飛び回る時も、飛行機は基本ビジネスではなくエコノミーを利用している。時にはトランジットを経て20時間以上のフライトになることもあり、選手の身体を心配する声もあるが、移動費や宿泊費をできる限り抑えなければ、現行の転戦スタイルを続けることは難しくなってしまう。

企業からの活動費とは別に、日本陸連からは強化競技者に対して年度ごとに強化費が支払われている。五輪や世界選手権など対象国際大会で8位以内に入賞した選手はゴールドアスリート、対象競技会で指定標準記録を突破した選手はシルバーアスリートとして、指定期間中、それぞれ定められた強化費を受け取ることができる。この強化費を受け取った後は、日本陸連の強化委員会に対して、予算使途を具体的に記した報告書や活動実績などの書類を提出しなければならない。

おそらく強化費を受け取っている選手の多くは、この手続きをチームスタッフに一任しているだろう。私もかつては自己完結させていたが、プロ転向するにあたり、希実自身に任せることも増えた。具体的には、合宿や遠征にかかった費用の領収書をまとめて申請書類をそろえるほか、合宿で得た効果や反省をまとめたレポートの提出などを本人に行わせている。

例え面倒だとしても、こうした事務手続きを選手本人が担うことにより、強化費に対して、移動費や宿泊費、スタッフを帯同させる人件費など、一回の遠征でどれだけのお金が動くのかを理解できるはずだ。選手によっては「ホテルの部屋が古い」「練習環境が良くない」と与えられたものに対して不満を持つこともあるだろうが、それも含めてどれだけのサポートが動いているのかを知るべきだと思っている。

選手は競技に集中させるべき、との意見もあるだろうが、やはり自分のことをすべて人任せにするのは、選手として、社会人としての自立を阻んでしまうのではないだろうか。

実業団の環境はとても恵まれている半面、チームによっては、守られ過ぎている面も見受けられる。監督やコーチ、マネージャーが練習内容やタイムスケジュールなどをすべて管理して、選手が「走ること」以外を丸投げすることは、社会人として必要な想像力や、自ら思考する力を鈍らせてしまうのではないか。それが、希実がプロ転向の記者会見で話した「与えられた環境への、自分自身の甘えが目立つレースが増えてきた」という言葉に表れているように、選手としての弱さ――速さがあっても強さがないという面にもつながっているのかもしれない。

逆に言うなら、選手としての強さは、人としての自立にも由来するのではないか。

例えば、プロランナーとして活動している川内優輝選手は、元々埼玉県庁職員としてフルタイムで働きながら、２０１１年の東京マラソンで日本人トップを取り、世界選手権大邱（テグ）大会の代表に選ばれた。きっと制約のある環境や時間の中で、自らをマネジメントし、さまざまな試行錯誤を重ねてきたのだろう。２０２３年のマラソングランドチャンピオンシップ（ＭＧＣ）から約１か月半後の、防府読売マラソンでは2時間08分32秒をマークして5年ぶりに優勝。年間40本以上のレースを重ねながら、相当なレベルのタイムを出し続けていることに驚かされる。

また、川内君のライバルとも称される、モンゴル出身のセルオド・バトオチル選手は、マラソンの自国代表として世界選手権に２００３年から11回連続、オリンピックには5回連続で出場している鉄人級の存在だ。２０２１年にＮＴＮを退部した後も日本に拠点を置き、42歳になった今もフル2時間10分台、ハーフ１時間2分台の好タイムで走り続けている。現在は同じ兵庫県内で活動しているが、どのような練習をしたらこれだけ長く走り続けることができるのか教えてもらいたいほどだ。

私自身、実業団時代や妻のコーチングで学んだことでもあるが、彼らを見ていると、人は工夫次第でいくらでも強くなれるのだと改めて思わされる。十分な環境で無くとも創意工夫で強くなった結果、活躍を評価する人々から支援が集まり、少しずつプラスαの取り組みを増やしていく。本来、選手の成長とサポートの関係性は、そういうものであったはずだ。だが、今はアスリートに対する支援が手厚くなり、結果より先に十分な環境が用意されていることで、良くも悪くも「温室育ち」の選手が増えているように感じている。

お金や時間の使い方は、工夫次第でどうにでもなるものだ。それが十分なほど与えられ、管理されている環境下では、新しいアイデアや工夫は生まれないし、現状維持にもなりかねない。お金や時間の価値をきちんと理解して、その中でどのようにパフォーマンスを発揮していくのかを自ら考えることは、競技を辞めた後の社会人生活にも生きるはずだ。少なくとも希実はそれを考えられるアスリートに育ってほしいし、彼女が言う「甘え」をどう打破すれば良いのかと考えた末のプロ転向でもあった。

実際、本人がそこまで自覚しているかは分からないが、強化費の管理をはじめ、マネジメント面に触れたことで、一つひとつの試合に対して「ムダにしたくない」との思いもより強くなっているように感じている。例え国内の記録会であっても、チームスタッフの分も含めて、移動費や宿泊費など数十数万単位のお金が動くものだ。これまでなんとなくしか把握していなかった費用のことを知り、一回のレースにどれだけのサポートが動いているのかを、身を持って学んでいるからではないだろうか。

「田中希実」を演じるな

東京オリンピックでの8位入賞以降、希実は挑戦者から追われる立場になった。競技レベルは上がってきた半面、周りから当たり前のように勝つことを求められ、心の波の振れ幅は以前より大きくなっている。かつてはメンタルに左右されるタイプではなかったが、特にこの1、2年は肉体的に整っていても、色んな不安要素が絡み合い、気持ちが整っていない時にレースで外してしまう傾向がある。

それが顕著に現れたのが、プロ転向後初の試合となった金栗記念選抜陸上中長距離大会だった。

プロ転向発表からわずか5日後の実戦ということもあり、会場の熊本・えがお健康スタジアムには、希実の走りを心待ちにしているであろう多くの観客や報道陣が詰めかけていた。だが、そんな周囲の期待とは裏腹に、彼女はひどく動揺していたのだ。

出場する1500メートルには長年チームメイトだった後藤もエントリーしていて、会場にはTC時代からお世話になった長谷川重夫氏（現ユニクロヘッドコーチ）の姿もあった。残留でもなく移籍でもなく、覚悟を決めて選んだプロ転向ではあったものの、これまで切磋琢磨した仲間と別れ、別の道を歩んでいくという現実を初めて目の当たりにし、思っていた以上にショックを受けていたようだ。

試合前の練習は好調だった。だが、そんな彼女の不安定な様子を見て、私は「今回はまずくなりそうだ」と薄々予感していた。案の定、彼女は中盤までトップを走っていたものの、残り４００メートルで失速。そして、ラスト２００メートルで後藤に交わされ、自己ベストには程遠い4分20秒11の2位に終わった。

あの時の会場の異様な雰囲気は今でも思い出される。

スタンドで計測していた私の周りには、彼女の走りを楽しみに待つ子どもたちや親御さん、陸上ファンの姿もあった。会場に集まった皆さんは「田中希実はラスト１周でものすごいスパートをかけるだろう」との期待を胸に見守っていたはずだ。ところが、希実はまったくと言っていいほどラストの動きがはまらず、何もできないまま後藤に突き放されていった。

「田中希実らしくない」

会場内にはそんな空気が漂っているのを肌で感じるほどだった。本人は、私以上にその雰囲気を感じ取っていたはずだ。古巣を飛び出したという不安に加えて、周りが期待するラストを体現しなければ、というプレッシャーが重くのしかかっていたのだろう。

その頃から、本人によくかけている言葉がある。

「『田中希実』を演じるな」

当時の彼女は、複数の日本記録を持っているがゆえのプレッシャー、動画配信サイトなどで「ラストスパートがすごい」と注目されることによる緊張感に支配されていた。結局、自分がレースで何を表現したいかより、周りが求める「田中希実像」を知らず知らずのうちに演じてしまう。そんな閉塞感が、心の不安定さにもつながっていたのだろう。特にプロ転向後の前半シーズンはその傾向が顕著だった。

コーチとして、この窮屈な状況を打破しなければならない。そう思い、取り組んだのが、新たなチームスタッフを配置したり、他チームの選手とトレーニングする機会を設けたり、「新たな風」を取り入れることだった。

大学時代からのチームの「形」がいったん失われた以上、その分新しいものを取り入れて、自分たちがワクワクできる環境を作っていかなければならない。本人が現状に不安を抱かずに、前向きに進んでいくためにも、置かれている立場をプラスに転じて、風通しの良い環境を作りたかったのだ。

実際、金栗のレースを終えた後には、エディオンの矢田みくに選手と練習する機会に恵まれた。矢田さんと希実は、お互いに高校2年のU20世界選手権で共に代表に選ばれた頃からの仲。また、ランニングユーチューバーのたむじょーには、日本選手権や世界選手権の事前合宿に密着してもらい、練習パートナーを務めてもらった。彼とは元々、妻がSNSで交流があったのをきっかけに仲良くなり、今では一緒にケニア合宿に着いてきてもらうほどの親密な関係になっている。

こうして新たな出会いやチャレンジなど色々な要素を織り交ぜながら、彼女が抱える窮屈さをほどいていき、精神的な不安を少しでも取り除くのが、プロ前半シーズンに課せられた私の大きな役割だったと思う。

この前半シーズンを振り返ると、4月下旬の東京スプリングチャレンジ1マイル（約

1609メートル）で4分32秒73の屋外日本記録を出し、5月下旬のセイコーゴールデングランプリ1500メートルを制して、6月の日本選手権では1500メートルと5000メートルの二冠達成。結果だけを見ると順調に仕上がっていたように思えたが、実のところ、メンタル面の立て直しはなかなか上手くいかない部分もあった。結局、その〝しこり〟は、ブダペスト世界選手権であらわになってしまうのだが……。

「チーム田中」解散の危機

2023年8月19日、ブダペスト世界選手権が幕を開けたが、希実はどこか気持ちの置きどころが定まっていない様子だった。

私から見れば、彼女が不安になる意味が分からなかった。直前に長野・湯の丸で行った最終調整では、たむじょーと質の高い練習が積めていて、本番に向けて状態は申し分なかったはずだった。ところが、パリの事前合宿に入ってから、彼女の中で前年のオレゴンや春先のトラウマがよみがえり、情緒が不安定になってしまったようだ。

彼女の悪いクセは、練習が本番に直結していて、「この練習が完璧にこなせないと、レースでも上手く走れるはずがない」と思い込んでしまうことだ。本来なら、仮にタイムが伴わなかったとしても、一週間の流れや環境の違いを加味して「調子」を判断してほしいところだが、彼女はタイムという尺度だけで自らの調子の善し悪しを決めつけてしまう。湯の丸までは自信を持っていたはずが、パリでの合宿中は、本人が思い描いた練習がこなせない不安のほうが勝ってしまっていた。

彼女の感覚とタイムをすり合わせるために、事前合宿中にはあえてタイムを読まずに、1000メートル×4本を本人の感覚だけで走らせてみたのだが、私が求めていたタイムとほぼ遜色のない「誤差」の範囲で走り切ることができた。しかし、その誤差を前向きに納得できるか、はたまた後ろ向きに捉えるのかで気持ちの持ちようは大きく変わってしまう。当時の彼女は、ちょっとした〝ズレ〟も許すことができず、後ろ向きに捉えてしまったのだ。私は「一人でこのタイムを出せたのなら調子は問題ないよ」と諭したのだが……。身体の仕上がりは何ら問題なかったはずが、彼女は自ら自分の調子を崩してしまい、不安を抱いたままブダペストに入っていた。

初日の１５００メートル予選。１組目に出場した希実は、シーズンベストの４分04秒36をマークしたものの、組６着でギリギリ準決勝進出。東京オリンピックでは自信を持って着順を取りにいけたのに、今回は滑り込みで何とか通過したという落差に対するショック。加えて、前年のオレゴンでは各組５着＋タイム上位２人が決勝に進めたが、ブダペストからはプラス取りが無くなったことも追い打ちをかけ、彼女は「もう後がない」と追い詰められていたようだ。「行ける気がしない」。希実の口からはそんな後ろ向きの言葉しか出てこなかった。

そして準決勝を迎えた朝、日本選手団のコーチ陣の前でこう言ってしまった。

「オマエは決勝には行けないよ。心が乱れているし、今の時点でもうダメだ」

周りにいたコーチやスタッフは、「今から走るのに何を言っているんだ……」とあ然としただろう。希実は目に涙を溜めていた。彼女はおそらく自信のない自分に対して「大丈夫だよ。行けるよ」と前向きな言葉をかけてほしかったのだろう。だが、本人の気持ちがレースに向かっていない以上、鼓舞するより、現実を受け入れさせるべきだと思ったのだ。

私の視点から見ると、レースが上手くいくと思える日は、お互いに「こう走りたいよね」というレースプランのディスカッションが上手く噛み合っているときだ。そういう日は大抵、私が想像していたプランと本人のやりたいレースが一致して、予想通り、もしくはそれを上回るタイムや結果につながる。

だが、上手くいかない日は、そもそもこのディスカッションにズレが生じてしまう。準決勝の前は、明らかに後者の状況だった。私があえて「決勝に行けない」と言ったのは、ただ突き放しただけでなく、その言葉を受けて、本人が「乗り越えよう」と奮起するのでは——という淡い思惑もあった。しかし、現実はそう甘くない。

スローペースで進んだ準決勝では、ラスト1周の勝負で通過ラインから4秒近く引き離され、1組最下位の12着でフィニッシュ。国内のレースでは一人旅になることが多い分、〝仮想海外〟をイメージした色々なレース展開を試させ、引き出しを増やしたつもりだった。ただ、それはあくまで希実一人で再現していたもので、海外の選手に揉まれながら実践する機会が足りていなかったのだ。

世界選手権前に出場したフィンランドのレースにしろ、アジア選手権にしろ、タイムこそ悪くなかったものの、中盤から独走になり、海外選手と駆け引きするような展開に恵まれなかった。準決勝敗退は、こうした海外での経験値の乏しさ、そしてメンタル面の不安定さが大きく作用した結果だったと思う。

1500メートルの敗退により、残されたのは5000メートルのみ。今年も何も残すことのできないまま終わるのでは——。オレゴンの苦い記憶が鮮明になり、ナーバスになっていたのだろう。希実の口からは、何をやらせても「むなしい」という言葉だけが漏れて、3日後の5000メートルに向けたまともな会話すらままならなかった。

そして、私も我慢できず、言ってしまった。

「チームを解散しよう。自分で一から作り直せばいい」

チームとは、私や妻を含め、トレーナーなどで構成される「チーム田中」のことで、希実のサポートのために、私が顔なじみのスタッフを集めて結成したものだ。彼女のプロ化に伴い、サポート体制やメンバーに若干の変化はあったものの、ブダペストまで残っているスタッフは皆、本人の挑戦する姿勢に共感するからこそ、この場まで連れ添ってきた。それなのに、選手本人から悲観的な言葉しか漏れないのなら、見守る私たちも苦しいし、気持ちもすり減ってしまう。

選手自身が悩み苦しんでいる時は、周りは黙って受け止めるべきなのかもしれない。しかし、私はコーチであると同時に、彼女の父親でもある。自分が相手の立場になり「不快」だと思うことは、例え本人がどれだけ追い込まれていようとも、ぐっとこらえなければならないことはあるのだ。

スタッフの気持ちも汲めずに、傷つけ合うだけなら、いったんゼロに戻して、彼女自らチームを作り直すべきなのでは――。私自身、彼女のために「良かれ」と思ってチームを作ってきたが、それが彼女の望むものに答えられないのなら、コーチの独りよがりになってしまう。このままの形を続けていても、彼女のためにならないのなら、本格的に解散して、別のコーチを探してもらうほうが良いのかもしれない。そんな思いから、口をついた一言だった。

これは私の悪いクセなのだが、希実とぶつかった時には寄り添うというより、どうしてもいったんは突き放してしまう。お互いに頑固な性格で、どちらかが先に折れることはほとんどできないのだ。本当はすぐにフォローを入れるべきなのかもしれないが、それは本人の甘えにもなるし、私自身も冷静になる時間を持つ必要がある。ブダペストでは「解散」という問題提起をして、私も、希実も今後のことを考える時間を作りたかった。

二人きりで冷静に話し合う時間を持てたのは、衝突した翌日、１５００メートルの決勝を観戦した帰り道だった。会場から宿舎に戻るバスの車中、私たち以外の乗客が降りた後、しんと静まる中で「今日のレースを見てどうだった？」と私から切り出した。

自分が進めなかったレースを見届けるのは悔しかっただろう。だが、希実だけでなく、全米チャンピオンのニッキー・ヒルツらトップ選手も準決勝で落ちている。彼女たちはきっと、希実以上に国内での期待を受け、決勝でどんなパフォーマンスをするのかを考えてこの場に向かってきたはずだ。世界のトップ選手が強い思いを持って臨んでも、あっけなく跳ね返されてしまうのが、世界選手権や五輪のトラックなのだ。希実のように、後ろ向きな姿勢でレースに臨むのは、他の選手に対しても失礼なことで、結局、１５００メートルと同じようにトラックに跳ね返されてしまうだろう。「みんなは、希実の『がんばる』という一言が聞きたくて、ここまで一緒についてきたのに、本人が後ろ向きじゃダメだよね。何とか気持ちを持っていこうよ」

彼女も、「チーム解散」の言葉を受けて、自らの言動を反省し、冷静に受け止めたようだった。これからレースまでどう動いていくべきなのか、どんなレースにしたいのか……、あのバスの車中で「和解」して、話し合う時間を持てたからこそ、５０００メートルのレースに向けて立て直すことができたのだと思う。

翌日の５０００メートル予選、２組目に出場した希実は、ハッサンの後方に迷いなくつき、先頭グループで最後まで粘り切り、14分37秒98でフィニッシュ。廣中さんが東京五輪で出した日本記録を15秒塗り替え、ドーハ、オレゴンと3大会連続での決勝進出を決めた。

中2日で迎えた決勝は、ペース変動の激しい展開となった。最初の１０００メートルを2分57秒で入ると、２０００メートルのラップが3分07秒、３０００メートルが3分12秒とペースダウン。希実は中盤から後方でレースを進めていたが、残り4周で再びペースが上がると、反応。アフリカ勢から離れることなく、ラスト1周の勝負に加わった。残り300メートルで10番手、200メートルで入賞圏内に、100メートルで6番手……最後の最後に抜かれながらも、なんとか8位を守り切り、この種目で26年ぶりの入賞を果たすことができた。

2023年は特に、5000メートルのレースを減らし、1500メートルへの出場を重ねたシーズンだった。それも、ただレースに出場するだけでなく、中盤からビルドアップにしたり、ラスト1、2周のラップを上げたり、色々なパターンを試して、彼女の〝引き出し〟を増やすことを意識してきた。5000メートルは今季3大会目だったが、1500メートルとトータルで取り組んできたからこそ、ペース変動にも対応できたのだろう。

世界の舞台で、日本人が決勝のラスト1周まで、しっかり勝負の場に残る――。ブダペストは、これまでの複数種目出場などの取り組みが一つとなり、私たちの理想とするところの「片りん」が見えた希望のレースだった。

そして同時に、彼女の精神的な成長の「兆し」を感じる9日間でもあった。それはレース後、彼女が取材陣に対して発した「私一人じゃここまで来られなかった」という周囲への感謝の一言にも表れていた。

私の性格を引き継いでしまったのか、希実は「誰かのため」や「周りのおかげ」と思っていても、なかなか口に出して言いたがらない。口先だけになってしまうのが嫌で、相手に伝わらなくても、自分が心の中で感謝していれば良いと思ってきたのだろう。だが、ブダペストでの衝突を経て、自分の一言で周りが救われるし、「一人では戦えない」ということを再確認できたはずだ。

1年間の集大成となった日体大記録会

希実とは、ブダペストの後も色々な衝突を重ねながらも、だんだんと彼女が発する言葉が変わっていき、「芯」の部分が変わってきているのを感じていた。2023年の前半シーズンまでは「一人で戦っている」という気持ちが強かったところが、自分が目標に向かって進んでいけるのは、一緒に横を歩いている仲間がいるおかげなのだ、という思いが芽生えてきたのだろう。取材や講演会でも、自らそうした話に触れることが多くなり、「彼女なりに感じてくれているのだな」と実感していた。

ただ、年瀬には「ブダペストの再来か……」と思うような出来事もあった。12月2日の日体大チャレンジゲームズ5000メートル。年内最後の記録会で、希実はパリ五輪の参加標準記録（14分52秒00）の突破を見据えていた。ブダペストで8位入賞しているため、期間内にもう一度記録を切ることができれば、その時点で代表内定となる。東京オリンピック前のシーズンのように、12月に5000メートルで内定を決めて、後は1500メートルの強化に集中できるのがベスト。私は運営サイドとペースライトの設定や、ペースメーカーとの調整を進めていた。

希実は11月から数週間のオフに入っていたが、その間も一日1回、リラックスしながらも気持ちの入った練習ができていた。日体大までの準備期間は実質10日程度だったが、味付けとなるポイント練習を再開すれば、タイムは十分に狙えるはずだった。しかし、11月19日の神戸マラソンから始まり、徳島県でのランニング教室、同志社大学での対談イベントなど、準備期間に催し物が次々と重なってしまった。もちろん、一つひとつの機会をたどれば、どれも本人にとって財産となるものだが、その前後に付随した取材やイベントもあり、なかなか気持ちが落ち着かず、練習に集中しきれていなかった面も否めない。

トップアスリートである以上、イベントへの登壇や取材に応じるのは一つの責務であり、陸上界を盛り上げ、関心を持ってもらうためにも必要なことだと思っている。彼女自身を誤解なく知ってもらうためにも、「こういう場面でこういうことを発信するのは大事だよね」と本人と話しながら、なるべく依頼は受けるようにしてきた。ただ、時間の使い方や人との距離感、慌ただしい中でも心をコントロールする術は、まだまだ身に着けている途上なのだろう。

仕上がりに不安を抱えたまま、レース前日に神奈川に移動すると、さらに残念なお知らせがあった。ペースメーカーをお願いしていた、マーガレット・アキドル選手（コモディイイダ）が急きょ、欠場することになったのだ。タイムは狙いたいけれど、自分の状態を信じ切れず、どこまでできるのか分からない……その様子はまさに、ブダペストの１５００メートル準決勝の朝と同じだった。

ただ、ブダペストと違ったのは、本人に棄権も進めた時に、彼女から「出ると決めたからには走る」と前向きな言葉が返ってきたことだ。想定していた状況と変わり、ただ気持ちを落とすのではなく、彼女なりに最低限何ができるのかを考えて、記録より来年に向けた「再スタート」と位置づけに置こうとしたのだと思う。

関係部署の方が動いてくれた結果、レースでは、神村学園高のカリバ・カロライン選手（現・日本郵政グループ）が代わりにペースメーカーを担ってくれた。彼女も本調子ではなかったのだが、希実とは秋に一緒に合宿を行った縁もあり、突然の申し出にも関わらず、快く引き受けてくれたのだ。

結果は、日本人トップではあるものの15分07秒40で、自己ベストにも程遠く、参加標準記録を切ることはできなかった。３０００メートルの通過は8分55秒に設定していたが、序盤から余裕がなく、さらにカロライン選手が抜けてから一気にラップタイムが落ちてしまった。厳しい結果になることはある程度予想できたが、本人はダメなりにも現状の力は出し切ったと、すっきりした表情を浮かべていた。

「この1年間は色々なことを経たうえで、苦しむこともひっくるめて楽しむということを改めて考えられるようになったと思います。今日の結果も悔しいけれど、苦しみに向かうのを支えてくれた仲間がいたことは幸せなことで、結果だけを見て、悔しさに飲まれてしまうという状態からは、少しずつ脱しているのかなと思います」

レース後の取材で、彼女はこう話したそうだが、確かにこの1年間は、世界選手権での入賞やDLファイナル出場といった「楽しみ」もあった裏側で、答えが出るまでの悩みや苦しみは人一倍抱えてきたはずだ。日体大のレースに向かう前も、タイムを切りたいという思いと、納得のいく練習が積めていないという事実に葛藤して、感情が左右されてしまった面もあった。だが、彼女なりにレースに意義を見出し、「苦しい」と分かっていることから逃げ出さず、向かっていけたのは、一つの成長だと感じている。

希実にも話しているが、苦しいと分かっていることをあえて選び取るのは、人間にしかできないことではないだろうか。苦しいと思うことに向かっていくのは、生きることでもある。そう考えると、走ることは苦しいことであり、同時に生きることだ。例え、目の前のレースが辛い結果に終わったとしても、それは後に何かを産むための

「苦しみ」なのかもしれない。本人も「苦しみの先に楽しみがある」と話しているが、ようやくその境地に達することができたのだと思う。もがき、苦しんだ1年間の総括が、あの日体大のレースだったのだろう。

自分自身の信念のために苦しみに向かうには、自らの感情をコントロールする力が必要だ。希実はまだそれを完全に自分のものにできていないことに、もどかしさを感じているようだが、段々と心の振れ幅が小さくなっているのは「成長」だ。タイムも同じことで、コンマ1秒でも自己ベストを出せたらそれは成長で、彼女の場合、中学1年から今に至るまで、毎年何らかの種目で自己ベストを塗り替えているのは、とてもすごいことだと思っている。精神面は競技力から遅れて成長しているが、それもわずかな積み重ねが実を結ぶのだろう。一気に変わろうとするのではなく、少しずつ、お互いが成長しながら同じ目線で歩んでいきたい。

父親とコーチの〝半々〟だからこその葛藤

彼女の指導を引き受けてから早5年の月日が経ったが、父と娘であり、コーチと選手の関係性でもある希実との向き合い方は、今も模索している。

例えば、私がただのコーチであるのなら、極論を言ってしまえば、選手の人間性に問題があったとしても、競技力さえ伸びてくれれば問題ないのかもしれない。だが、父親でもある以上、彼女には競技力と等しく、人間としての成長も求めたいと思っていて、ついつい口うるさくなってしまうのだ。

希実は大学時代も陸上部に入らずにクラブチームで活動し、実業団になってもその枠組みは変わらず、プロになった現在も「外」を知らないまま、私のもとで競技を続けてきた。成長を促すために、他者や別の環境を知ることは、とても大事なことだ。このまま社会に出ることなく、二人で取り組んでいくことは、「実は彼女にとってプラスではないのではないか」と悩むことも多い。だからこそ、私はこの狭いコミュニティの中で「社会」を作り、世の中の常識やシステムをきちんと伝えようと思っている。

親子という関係性は、他人から「甘やかしているのでは」とも思われがちだ。特に、結果が出なかったときは厳しい目で見られるだろう。そう誤解されるのも心外で、普通の社会以上に、希実に厳しく接している面もあるのかもしれない。彼女には最近、「もっと褒めてほしい」とぼやかれるのだが……。

希実に事あるごとに言っているのは、「自由とわがままを履き違えてはいけない」ということだ。私が考える自由というのはより窮屈なもので、自分自身を縛るルールを決めて、自らを律していかなければならない。自分の思いを一方的に押し付けたり、自分の意のままに周りを動かそうとしたりするのは「わがまま」だ。彼女が言う「ケンカ」とは、練習方針やトレーニングを巡ってではなく、むしろこの部分を巡っての衝突がずっと続いてきた。

近年、社会の潮流もあるのか、指導者と選手の立場が逆転して、選手の言うことを否定せず、すべてに寄り添う——悪く言えば、甘やかすような指導も増えているような気がしている。ただ、私は親子だからこそ、彼女を「アスリートだから」と特別扱いせず、対等な関係でいたいと思っている。チーム田中自体も、彼女に寄り添うというより、横並びで同じ方向を目指すような関係性だ。家族であれども、チームで動いている以上、スタッフへの配慮にかける言動には厳しく注意するし、選手自身が叶えてほしいことがあるのなら、その分、相手に対しても気遣いが必要なのだと教えてきたつもりだ。

希実はそうした私の「コーチング」を窮屈に思うこともあるようで、これまで幾度となく衝突するたびに私は「それなら他のコーチに見てもらったら?」と言ってきた。父親である私のもとで走ることが窮屈になり、それが本人を追い詰めてしまうのなら、他の指導者のもとで学ぶのも一つの選択ではないかと思うのだ。外に出てみた上で「やっぱり合わない」と思うのならいつでも受け止めるし、迂回したことにより、1年で出せるはずの成績が3年かかったとしても、同じところに行き着くのなら、他の環境と比べてみることも意味のある時間になるはずだ。

彼女にも何度もこうした話をしてきたが、それでも本人がこのままの関係を続けると決めた以上は、この「社会」のルールに則り、人としても成長してほしいと願っている。最近はようやく、自分が居心地良く競技ができるのは、周りの我慢の上に成り立っているもので、自分も時には我慢が必要だということに気づき始めたのだろう。私たちは「自由」を求めてプロ転向を決意したが、既存の実業団のシステムより厳しい道を選んだことは間違いない。本人ともシビアに話しているが、一年の活躍次第では翌年の強化費が大きく減る可能性もあり、それだけのリスクを背負って走り続けてきた。

周りからすれば「しがらみのない環境で自由に走っている」と思われがちだが、自由に活動できるからこそ、これまで以上の結果が求められる「窮屈さ」があり、前半シーズンはそれが彼女の重荷にもなっていたのだろう。しかし、周りの「普通」と違う道を歩むからには、必ず結果を残すという覚悟が必要だ。

自由には「制約」も伴うことを覚悟した上で、あえて困難な道を選んできたからこそ、見える景色も、結果も違ってきたのではないだろうか。

次世代のために種をまく

2023年6月、希実は「NON STOP PROJECT（ノンストッププロジェクト）」と題して、次世代のアスリートたちに向けたプロジェクトを発足させた。発表の際に本人も触れていたが、このプロジェクトの立ち上げは、私から彼女に「こんなのをやってみるのもいいんじゃない?」と提案したものだった。

引退後ではなく、現役のトップアスリートが次世代育成の取り組みを行うのは、珍しいことだと思う。確かに運営には手間がかかるし、ただでさえ遠征であちこちを飛び回っているのに、その合間を縫って取り組まなければならない。彼女自身、選手として目の前の競技に必死で、自分のことに集中したいという気持ちもあっただろう。だが、それを苦痛に思うかどうかは本人の心持ち次第。その過程を含めて、「やって良かった」と言えるメンタリティのアスリートに育ってほしいとの思いがあった。

これまでやってきたことを内にだけ向けるより、外に向けて出していったほうが、彼女が学べることも多いだろう。今後、自身の競技で壁にぶつかった時も、自分にだけ矢印を向けていたらしぼんでしまうが、視野を外に広げておくことで、乗り越えられる場面が増えていくような気もしていた。世代やチームの枠組みを超えて、共に高め合う機会を設けることは、彼女自身が前に進む原動力になると思ったのだ。

1期目となる2023年は、中学・高校・大学生の女子選手を対象に募集し、書類選考、面接、レース出場を経て、各世代2人を選抜する予定だった。元々はトップアスリートの原石を発掘し、育成するという趣旨だったが、結論としては、選考レースに出場した全員を合格とし、2024年3月に都内で一泊二日のランニングキャンプに招待した。

トップアスリートを目指す子どもたちは、元々「芯」をしっかり持っていて、周りに答えを委ねなくとも、自ら考えて動くことができるだろう。一方、応募してきた選手たちの多くは、競技や将来に何かしらの不安や悩みを抱え、「答え」を求めている子がほとんどだった。勇気を振り絞り、応募してきた選手たちのことを考えると、私たちがやるべきことは、同じ目線に下がって「答え」を考えて、背中を押してあげることだと思ったのだ。

一泊二日のランニングキャンプでは、ジョグから始まり、スピード練習、体幹トレーニングと、日々のシンプルな繰り返し、積み重ねが大切であることを伝えた。集まったのは20人ほどだったが、彼女たちがそれぞれのコミュニティに戻り、学んだことを伝えていくことで、それが「陸上競技って面白いんだ」という気づきにつながるかもしれない。私たちが続けていくべきことは、育成ではなく、広がりや種まきなのではないだろうか。

かつて私と妻がボランティアで行っていた陸上教室が、娘たちだけでなく、地元の子どもたちを陸上の世界に誘ったように——。次は希実が、私たちの思いを引き継ぎ、種をまいていく番なのだと思っている。

これまでトップを目指す子どもたちの行き着く先は、強豪の大学や実業団に限られていた。もちろん既存のシステムで花開く選手もいれば、自分に合った場所を見つけられず、取り残されていく子も一定数いるだろう。そうした少数派の選手たちが可能性を摘み取られ、競技の道を断念しないような環境づくりも必要だ。

例えば、ＴＷＯ ＬＡＰＳさんのように、ブランドの違う選手が集まり、一つのクラブチームとして活動することも将来的に考え得るだろう。プロジェクトで次世代とつながり、希実と一緒に練習したいという選手が現れたとして、その子を支えてくれるブランドまたはスポンサー、実業団が見つかれば、枠組みを超えて共に走っていくこともできるはずだ。

希実がこのまま第一線で走り続けることが、後進の道を切り拓くことにもつながってほしい。コーチとして、父として、そう願っている。

▲父親でありコーチでもある希実との向き合い方は、今も模索している

終章

一志走伝。

この言葉は、希実が高校生になる頃、私が彼女に贈ったものだ。

本来は「一子相伝」という、漢字が違う四字熟語で「自分の子どもや弟子の一人に奥義を伝える」との意味がある。それを希実らしい造語にして、私や妻が取り組んでいたこと、できなかったことも含めて、「田中家」としての思いを受け継いでほしいとの希望を込めた。

「志（思）」には、二つの意味を持たせている。一つは、強い志・信念を持って取り組めば、その思いは走りに伝わっていくだろうということ。もう一つは、自らの走りで見ている人の心を動かしてほしいという思いだ。それこそが彼女らしい走りであり、オリジナルの意味に二つの思いを添えて、三つの願いを本人に託した。

希実が今歩んでいる道は、自分で切り拓いたように感じるかもしれないが、実は見えない場所で周りの人たちが整えていて、みんなで一緒に同じところに向かおうという思いを持ってやってきた。自分が一生懸命走ることで、周りに感謝が伝わり、人の心を動かす——そうして取り組んできたことを、最近は「言葉でも伝えないといけない」と気づき始めたのだと感じている。

私たちは、貪欲に「記録」にも「記憶」にも残る選手像を追い求めてきた。希実はこの言葉を大切に受け止めて、今も「一志走伝」に込めた思いを体現しようとしている。そんな姿を隣で見ていると、「贈ってよかったな」としみじみと思う。

この言葉を贈ったのは、希実が強豪の西脇工業に進むことを決め、いよいよ本格的に陸上の世界に飛び込んでいくタイミングだった。とはいえ、当時は世界大会に出場することも、ましてや決勝の舞台に残るなんて想像すらしていなかった。何度も伝えた通り、彼女には絶対的なスプリントがなく、ゆくゆくはマラソンで花開くために、その下積みとしてトラックでスピードを磨けばいいと考えていたのだから。

それが彼女は毎年のように、私の小さな想像をはるかに超えて、予想もつかなかった場所にたどり着こうとしている。ドーハ世界選手権の決勝進出、東京五輪での8位入賞、ダイヤモンドリーグファイナルへの出場……彼女は自らの走りで運命を動かし、ミラクルとしか言えないような物語を紡いできた。

この先のことを考えると、希実も20代後半に差し掛かり、国内の中長距離のトップ選手の中では「ベテラン」の域に入っているのかもしれない。ただ、今現在、世界選手権で活躍している海外選手の多くは20代後半から30代前半だ。ベテランと呼ばれる彼女たちでも、トラックで自己ベストを更新していることは、本人にとって大きな励みとなっている。

例えば、3歳上のオーストラリアのジェシカ・ハル。彼女は2023年、希実がペースメーカーを務めた3000メートルのレースで、8分31秒81のオセアニア新記録をマークした。そして2024年5月、希実はDLオスロで8分34秒09の日本記録を出し、一年前の彼女の背中に近づこうとしている。一年遅れではあるものの、ハルが進むであろう道に届くかもしれないという希望につながっていて、だからこそ「日本人だから」という発想を捨て、あきらめたくないと思っているのだ。トラックは、マラソンのための「補助的」な位置づけだったはずが、一歩ずつ階段を上り続け、まだまだ可能性が膨らんでいるから、私たちは今も世界のトラックに一生懸命に向き合っているのだろう。

では、マラソンにはいつ頃取り組むつもりなのか、と聞かれると、それは本人が「やりたい」と自発的に言うまで、こちらから勧めるものではないと思っている。

私と妻は、マラソンは良くも悪くも「自分をさらけ出す」スポーツで、競技力以上に、性格や思考が結果に出てしまう種目だと考えている。

例えば、「走る哲学者」と呼ばれるケニアのエリウド・キプチョゲは、その心の在り方がレースにも表れているように、それぞれの選手の性格が走りから透けて見えるものだ。積み上げてきたものより、その時の考え方や心の持ちようで結果は大きく変わってしまう。

また、マラソンは非常に長い準備期間を経て、一つのレースに向かっていくものだが、そこで失敗すればそれまでの過程もすべて否定されるし、周りの評価も一転してしまう。自分をさらけ出しながら走ったのに、結果が伴わなかった時の、自分の生き方を否定されたような感覚は計り知れないものがある。

今の希実はまだ、レースによって精神的な浮き沈みがあり、心をコントロールする術を身に着けようとしている段階だ。否定された時にどう乗り越えるのか、という精神的な部分が成熟しないと、場合によってはたった一回のつまずきで、二度とレースに戻ってこられなくなるかもしれない。それほど、マラソンは肉体的、精神的に負荷がかかるスポーツで、こちらが軽はずみに「やろう」と誘えるものではない。

妻が今年中に迎えるであろう100回目の記念レースは家族全員で走るつもりだが、競技としてのマラソンデビューは、本人が自発的に「やりたい」と言った時になるのだろう。

そう思い、私からマラソンへの移行について切り出すことはなかったが、6月、エチオピア・アディスアベバからケニア・ナイロビに向かうトランジット中に、希実がぽつりと、今後のキャリアについて口にしたのだ。あまりにも唐突で、意外な考えだったので、私は思わず「えっ？　それでいいの？」と聞き返してしまった。

これは現時点での彼女の意思で、これから変わるかもしれないが、本人なりに描いているプランでは、2027年に休養を挟み、同時にロードに取り組むつもりなのだという。

もしかすると世界選手権の「連続出場」という記録はいったん途絶えるかもしれない。世間一般的には、連続出場やメダリストといった肩書きはとても価値あるもので、私自身、彼女のセカンドキャリアまで見越したら「本当にいいのだろうか」と多少は心配してしまう面もある。でも、彼女はそんなことは、さほど気に留めていないようだった。

思えば、今回のパリ五輪も、仮にユージンで参加標準記録を突破できなければ、世界標準のレベルには程遠いと感じ、選考基準に諮《はか》っての選出では辞退することも頭の隅にあったようだ。4年に1度しかないオリンピックに連続出場できるのに、あえて「出ない」という選択をするには、尋常ではない覚悟が求められる。そう考えた時に、本人は世間的な栄誉や評価よりも、もっと深く、遠いところを見ているのだろうと思った。

ただ、ティギスト・アセファ（エチオピア）の2時間11分53秒という驚異的な世界記録に象徴されるように、ひと昔前と比べて、世界の女子マラソンのレベルは格段に上がっている。「マラソンでなら通用するかもしれない」ではなく、「マラソンで、世界で戦うにはどうしたらいいのか」を考えながらトラックに取り組まなければならない。仮に希実がロードに移行するにしても、例えばハーフマラソンなら日本記録ではなく、一気に65分台まで目指す覚悟で取り組まなければ、彼女の行きたい世界にはたどり着けないだろう。そのためには、トラックでもっとスピードを磨いて、世界と対等に戦える力を引き出さなければならないと考えている。

今も、これからも、希実が進もうとしているのは未知の道で、誰も歩んだことのないところを自らが切り拓いていかなければならない。それは私にとっても同じで、コーチとしての経験も5年ばかりで、手本がないまま手探りでここまでやってきた。お互いに信頼し合ってはいるものの、希実は、私や妻の経験ではカバーできない領域に入っていて、さまざまな壁にぶつかるたびに「自分はこれ以上導けないのではないか」という葛藤も抱いている。

彼女の今後を思ったら、同じような道をたどってきた指導者――例えば元オリンピアンのコーチや、メダリストを育成しているコーチのもとで学んだほうが良いのかもしれない。海外では色々な出会いがあるし、自身の競技レベルに合わせてコーチやスタッフを変えるのは、他の競技では当たり前のことだ。本人には何度も「そうしたほうがいいんじゃないの」と提案してきた。ただ、最近は聞き飽きたのか、「コーチから言う必要はない。要らなくなったら自分から言うから」と言われたのだが……。

遅かれ早かれ、その答えを出すのは本人だが、例えコーチと選手の関係性が終わったとしても、親子関係はこれからもずっと続いていく。もし、陸上の考え方が合わず、ケンカ別れするような形になったとしても、彼女のことは人として尊敬しているし、私は一陸上ファンの父親に戻って、いつまでも応援したいと思っている。

これまで私たちは二人で一つの物語を描いてきたが、彼女が目指したいところに、私の考えがついていけなくなったら、それが「要らなくなる」タイミングなのかもしれない。これからどんな展開を描こうとしているのか、まだ予想はつかないが、希実に「はい解散」と言われるまでは、彼女が目指す場所にたどり着けるように、横に並んで一緒に歩んでいきたいと思っている。

田中健智

profile

[著者]

田中健智

たなか・かつとし● 1970年11月19日、兵庫県生まれ。三木東高―川崎重工。現役時代は中·長距離選手として活躍し、96年限りで現役引退。2001年までトクセン工業で妻·千洋（97、03年北海道マラソン優勝）のコーチ兼練習パートナーを務めた後、ランニング関連会社に勤務しイベント運営やICチップを使った記録計測に携わり、その傍ら妻のコーチを継続、06年にATHTRACK株式会社の前身であるAthle-C（アスレック）を立ち上げ独立。陸上関連のイベントの企画・運営、ランニング教室などを行い、現在も「走る楽しさ」を伝えている。19年豊田自動織機TCのコーチ就任で長女・希実や、後藤夢の指導に当たる。希実は1000、1500、3000、5000mなど、数々の日本記録を持つ女子中距離界のエースに成長。21年東京五輪女子1500mで日本人初の決勝進出を果たし8位入賞を成し遂げている。23年4月よりプロ転向した希実［New Balance］の専属コーチとして、世界選手権、ダイヤモンドリーグといった世界最高峰の舞台で活躍する娘を独自のコーチングで指導に当たっている。

profile

田中希実

たなか・のぞみ● 1999年9月4日、兵庫県生まれ。小野南中－西脇工高－同志社大学（ND28AC －豊田自動織機 TC）－豊田自動織機－ New Balance（ニューバランス）。中学時代から陸上競技に本格的に取り組み始め、1年時より全国大会で活躍。高校入学後は、国際大会でも力を発揮し2016年U20世界選手権3000mで8位入賞、大学入学後はクラブチームで活動し、18年U20世界選手権3000mで優勝を果たすと、翌年19年ドーハ世界選手権に出場。5000mでは予選、決勝と自己新をマークし14位。21年の東京五輪では1500m、5000mに出場し、1500mで8位入賞の快挙を成し遂げた。22年4月に豊田自動織機に入社。同年7月の世界陸上オレゴン大会では日本人初となる800m、1500m、5000mの3種目出場に挑戦している。23年4月からNew Balanceに所属。同年日本選手権1500mで4連覇、5000mでは3回の優勝を飾っている。24年も3月の世界室内で3000mのアジア記録を打ち立てるなど好調をキープ。同5月のDL第5戦ユージン大会5000mでパリ五輪参加標準記録を突破し、パリ五輪代表に内定。日本中距離界の女王として注目は高まるばかりだ（※2024年6月21日現在）。

[田中希実 主な保持日本記録]（※24年6月21日現在）

	1000m／	2分37秒33	（22年6月22日）
	1500m／	3分59秒19	（21年8月4日）
	3000m／	8分34秒09	（24年5月30日）
	5000m／	14分29秒18	（23年9月8日）
[室内]	1500m／	4分08秒46	（24年2月4日）
	1マイル／	4分28秒94	（23年2月4日）
	3000m／	8分36秒03	（24年3月2日）
[ロード]	1マイル／	4分32秒0	（23年9月3日）
	5km／	15分34秒	（22年11月12日）※女子単独

共闘《きょうとう》

セオリーを覆《くつがえ》す父《ちち》と娘《むすめ》のコーチング論《ろん》

2024年7月16日　第1版第1刷発行

著　　者　田中健智《たなかかつとし》

発 行 人／池田哲雄
発 行 所／株式会社ベースボール・マガジン社
〒103-8482
東京都中央区日本橋浜町2-61-9 TIE浜町ビル
電話　03-5643-3930（販売部）
　　　03-5643-3885（出版部）
振替　00180-6-46620
https://www.bbm-japan.com/

印刷・製本／大日本印刷株式会社

Printed in Japan
ISBN 978-4-583-11675-4　C0075